高等职业学校"十四五"规划财经商贸类精品教材

总主编 ◎ 谭 欣　陈月明

活页式教材

# 品牌策划与推广（活页式）

BUSINESS

ECONOMICS

BRAND PLANNING AND PROMOTION

主　编　余　球　蒙莉丝
参　编　蒙柳翠　邓孟琪　陆　鑫
　　　　刘祯欣　朱晓茜　刘霖涛

华中科技大学出版社
http://press.hust.edu.cn
中国·武汉

## 内容提要

本书从当前企业在品牌策划与推广过程中的实际工作需求出发,按照一个新品牌实际策划运作的基本工作流程,系统地阐述了一个新品牌应如何构建和传播推广,主要内容包括品牌认知、品牌定位策划、品牌形象和识别设计、品牌传播与推广、品牌运营管理与维护。本书辅以众多国内外品牌营销实战案例,帮助读者深刻地理解怎样进行品牌策划与推广。

本书内容深入浅出,遵循"学以致用"原则,理论与实操并重,有利于读者系统地掌握品牌策划与推广的知识,并训练相应的专业能力。

**图书在版编目(CIP)数据**

品牌策划与推广:活页式/余球,蒙莉丝主编.—武汉:华中科技大学出版社,2023.8(2025.8重印)

ISBN 978-7-5680-9947-9

Ⅰ.①品… Ⅱ.①余… ②蒙… Ⅲ.①品牌—企业管理 Ⅳ.①F273.2

中国国家版本馆CIP数据核字(2023)第166069号

---

**品牌策划与推广(活页式)**
Pinpai Cehua yu Tuiguang(Huoye Shi)

余 球 蒙莉丝 主编

策划编辑:王 乾
责任编辑:刘 烨 王梦嫣
封面设计:原色设计
责任校对:刘 竣
责任监印:周治超

出版发行:华中科技大学出版社(中国·武汉)　　电话:(027)81321913
　　　　　武汉市东湖新技术开发区华工科技园　　邮编:430223
录　 排:孙雅丽
印　 刷:武汉科源印刷设计有限公司
开　 本:787mm×1092mm　1/16
印　 张:13.25
字　 数:270千字
版　 次:2025年8月第1版第2次印刷
定　 价:59.80元

本书若有印装质量问题,请向出版社营销中心调换
全国免费服务热线:400-6679-118　竭诚为您服务
版权所有　侵权必究

## 高等职业学校"十四五"规划财经商贸类精品教材
## 编委会

**总主编：**

谭　欣　　陈月明

**编委**（排名不分先后）：

| 余　球 | 蒙柳翠 | 周　茵 | 胡志仁 | 刘铁宏 | 王　恬 | 韦晓霞 |
| 蒙莉丝 | 王晓娟 | 王冬云 | 袁晓夏 | 邓孟琪 | 宋　军 | 阎惠全 |
| 韦孟颖 | 李旻珺 | 张　丹 | 罗燕秋 | 林翔君 | 张云霞 | 李振书 |
| 周朝友 | 刘霖涛 | 江洪建 | 朱晋晋 | 朱晓茜 |

# 总 序

Introduction

当前,世界经济正向数字化和信息化转变。在数字经济的变革中,企业面临着从生产制造、供应链、市场营销到内部管理等多方面的数字化升级。营销的数字化转型是企业数字化升级的重要突破口,它能够快速、可量化地反映到业务增长上,实现拓客增收这一企业最核心的需求。数字化营销人才成为企业人才需求的热门。

为了更好地培养德智体美劳全面发展,掌握扎实的营销基础知识,具备市场战略分析、数字活动策划、互联网运营、全渠道营销等能力的高素质数字化营销技术技能人才,华中科技大学出版社与柳州职业技术学院合作,精心组织编审、编写团队,汇聚职业院校营销教学一线经验丰富的教授、学科带头人、一线骨干"双师型"教师和名师,以及市场营销、电子商务、网络营销等领域的业内专家共同参与"高等职业学校'十四五'规划财经商贸类精品教材"的编撰工作。

本套教材根据"十四五"期间高等职业教育发展要求,坚持三大方向,打造"项目实战型"特色教材。

(一)校企双元开发,凸显书证融通

系列教材以开设"市场营销""电子商务""网络营销与直播电商"等专业的高职院校为核心,校企双元开发,紧跟行业新变化,对接岗位标准和职业技能证书标准,吸纳新知识、新技能,体现职业教育"1+X"证书特色。

(二)企业项目实战,厚植思政根基

教材内容打破传统学科体系、知识本位理念,以工作过程为导向,以企业真实项目、典型工作任务、案例等为载体组织教学单元,突出应用性与实践性,同时贯彻落实党的二十大精神,深挖思政元素,有机融入思政教育和德育内容,做到德技双修。

(三)创新编写理念,编制融合教材

以纸数一体化为编写理念,依托华中科技大学出版社自主研发的华中出版资源服务平台,强化纸质教材与数字化资源的有机融合,配套教学课件、案例库、习题集、视频库等教学资源,同时根据课程特点,有选择性地开发活页式、工作手册式等新形态教材,以符合技能人才成长规律和学生认知特点。

期待这套凝聚高职院校一线骨干教师和营销行业精英智慧的教材,能够为"十四五"时期高职高专和高职本科财经商贸类专业的人才培养发挥应有的作用!

总主编

# 前言

Preface

　　党的二十大对建设现代化产业体系做了系统部署,强调要把发展经济的着力点放在实体经济上,在延长链条、做大规模、塑造品牌、提高效益上下功夫,不断优化营商环境,为现代化建设提供坚实的产业和经济支撑。推进品牌建设,使其成为建设现代化经济体系的一个重要抓手。

　　2021年3—4月,习近平总书记在福建、广西考察时,分别提出"强化品牌意识"和"推进标准化、品牌化"。这是习近平总书记在"十四五"规划对我国品牌事业发展提出的新的重要论述和发展方向。

　　世界经济发展史表明,一个国家或区域崛起的背后往往是一批品牌的强势崛起。品牌不仅是一个企业经济实力和市场信誉的集中反映,还是企业竞争力的重要体现,拥有知名品牌的数量,更是一个国家综合实力的象征。

　　随着一些地方特色产业和企业由低端向高端发展,企业的品牌形象工程和经营管理越来越彰显其重要性,使得企业对相关人才的需求大增。

　　本书从品牌策划与管理的基础知识和理论入手,以一个新品牌构建的工作过程为线索,以"品牌认知→品牌定位策划→品牌形象和识别设计→品牌传播与推广→品牌运营管理与维护"为逻辑路径,以企业品牌管理相关岗位的专业岗位能力为中心,以地方特色产业——螺蛳粉的品牌策划与推广工作项目为全程实训载体,将碎片化的知识点和技能点进行系统化的设计,构建了项目化的内容体系,涵盖五大项目,由浅入深,理论与实践高度融合。

　　本书由柳州职业技术学院余球和蒙莉丝担任主编。具体编写分工如下:柳州职业技术学院余球编写项目一,并负责统稿;柳州职业技术学院蒙莉丝编写项目二;柳州职业技术学院余球、广西善元食品有限公司品牌总监朱晓茜、柳州市得华食品有限公司电商运营总监刘霖涛共同编写项目三;柳州职业技术学院余球、蒙柳翠、陆鑫共同编写项目四;

柳州职业技术学院蒙莉丝、邓孟琪、刘祯欣共同编写项目五。

广西善元食品有限公司董事长陈生先生为本书提供了宝贵的建议；柳州职业技术学院市场营销专业潘琦、阎惠全、周茵、余小艳、黄影等老师对此书亦做出了贡献，在此表示感谢！

在编写过程中，我们参考了国内外一些专家学者的研究成果，并得到华中科技大学出版社及相关编辑的大力支持和帮助，在此一并表示感谢！

本书适用于高职高专和高职本科市场营销及相关专业的"品牌策划与推广"课程教学，也可作为相关企业人员自学和培训用书。

主编

# 本书项目任务说明
Project Task

  螺蛳粉是广西壮族自治区柳州市的特色小吃之一，具有辣、爽、鲜、酸、烫的独特风味。2018年8月，"柳州螺蛳粉"获得国家地理标志证明商标；"柳州螺蛳粉手工制作技艺"入选第二批自治区级非物质文化遗产名录；2020年，"柳州螺蛳粉制作技艺"被列入国家级非物质文化遗产代表性项目名录。

  在政府和市场等诸多力量的推动下，柳州本土地方特色产业螺蛳粉方兴未艾，市场规模不断扩大，2022年，柳州螺蛳粉全产业链销售收入实现600.7亿元，其中预包装柳州螺蛳粉销售收入超过180亿元，市场增长势头良好；"柳州螺蛳粉"地理标志已跻身中国地理标志100强榜单，品牌价值突破100亿元。参与市场竞争的企业也越来越多，一些"网红"甚至一些传统行业里面的龙头企业都纷纷推出自己的螺蛳粉品牌，行业的竞争呈现白热化的趋势。

  在这样的市场背景下，本土老牌螺蛳粉企业面临着如何保持市场地位并不断做强做大的问题；新创企业需要考虑如何在竞争激烈的市场中生存和发展的问题。品牌赋能"小米粉，大产业"，塑造有竞争力的品牌，全面提升品牌力，打造企业的竞争优势，则成为企业的不二之选。

  如果企业聘请你们作为专业的品牌策划团队，帮助企业打造一个强有力的螺蛳粉品牌，你们该如何做呢？

# 目录

Contents

## ▶ 项目一　品牌认知　　　　　　　　　　　　　　　　/ 1

### ▶ 知识传递　　　　　　　　　　　　　　/ 2
一、品牌的内涵　　　　　　　　　　　　/ 2
二、品牌与产品、商标　　　　　　　　　/ 4
三、品牌的构成　　　　　　　　　　　　/ 6
四、品牌的作用　　　　　　　　　　　　/ 6
五、品牌资产　　　　　　　　　　　　　/ 8
六、品牌的构建　　　　　　　　　　　　/ 10

### ▶ 知识内化　　　　　　　　　　　　　　/ 13
实训　品牌认知与构建：本土螺蛳粉品牌构建任务解析　　/ 13
　　任务1　组建品牌策划团队　　　　　　/ 13
　　任务2　螺蛳粉品牌认知　　　　　　　/ 13
　　任务3　正确解读品牌策划任务——我们要完成
　　　　　　哪些具体任务？　　　　　　　/ 14

### ▶ 巩固提升　　　　　　　　　　　　　　/ 17
"蘭啵旺"预包装兰州牛肉面品牌策划案　　/ 17

## ▶ 项目二　品牌定位策划　　　　　　　　　　　　　　/ 35

### ▶ 知识传递　　　　　　　　　　　　　　/ 36
一、品牌定位　　　　　　　　　　　　　/ 36
二、品牌定位的策略与工具　　　　　　　/ 39
三、品牌定位的步骤　　　　　　　　　　/ 47

### ▶ 知识内化　　　　　　　　　　　　　　/ 59
实训　品牌调研与定位：为螺蛳粉企业进行品牌定位　　/ 59
　　任务1　螺蛳粉品牌营销调研分析　　　/ 59
　　任务2　螺蛳粉企业品牌定位策划　　　/ 60

▶ 巩固提升 /63
　　摩士厨品牌定位 /63

▶ 项目三　品牌形象和识别设计 /67
　　▶ 知识传递 /68
　　　　一、品牌形象 /68
　　　　二、品牌个性塑造 /75
　　　　三、品牌识别设计 /80
　　　　四、品牌名称策划 /94
　　　　五、品牌标志设计 /98
　　▶ 知识内化 /103
　　　　实训1　品牌个性塑造 /103
　　　　　　任务　品牌个性检视 /103
　　　　实训2　品牌VIS执行检视 /103
　　　　　　任务1　品牌名称检视 /103
　　　　　　任务2　品牌标志检视 /103
　　　　　　任务3　品牌VI执行检视 /104
　　▶ 巩固提升 /107
　　　　江小白成功的另外一个密码——品牌人格化 /107

▶ 项目四　品牌传播与推广 /111
　　▶ 知识传递 /113
　　　　一、品牌传播 /113
　　　　二、品牌整合营销传播 /114
　　　　三、品牌外部传播方式 /119
　　　　四、品牌内部传播方式 /133
　　　　五、品牌广告语创作 /135
　　　　六、品牌故事写作 /137
　　　　七、品牌IP形象设计 /141
　　　　八、品牌广告片策划 /144

▶ 知识内化 /149
　　实训1　品牌广告语创作 /149
　　　　任务1　品牌广告语检视 /149
　　　　任务2　品牌广告语创意 /149
　　实训2　品牌故事写作 /149
　　实训3　品牌IP形象设计 /150
　　实训4　品牌整合营销传播策划 /150
▶ 巩固提升 /153
"莫斯利安"是如何炼成的？ /153

## 项目五　品牌运营管理与维护 /157

▶ 知识传递 /158
一、品牌保护 /158
二、品牌运营管理 /169
三、品牌危机公关 /174
▶ 知识内化 /179
实训　螺蛳粉品牌监测与危机公关 /179
　　任务1　螺蛳粉品牌监测 /179
　　任务2　螺蛳粉企业品牌危机应对 /179
▶ 巩固提升 /181
柳州螺蛳粉的两次危机公关 /181

## 参考文献 /185

#  项目一 品牌认知

## 教学目标

● **知识目标**

1. 理解品牌的多层次内涵和品牌的作用。
2. 理解品牌与产品、商标的关系。
3. 了解品牌资产的内涵。
4. 了解品牌构建的基本步骤和基本内容。

● **能力目标**

1. 能对已有品牌的构成要素进行调研和简要分析。
2. 能对品牌构建的逻辑思路和步骤做梳理和分析,初步形成正确的品牌构建逻辑和思维。

● **素养目标**

1. 具有团队合作精神和能力,具备良好的沟通能力,能够协作完成团队工作任务。
2. 具有创新意识和能力,能够运用正确的方法获取信息和利用信息,以及掌握新知识、新技能,有创意地完成项目任务。
3. 树立品牌意识,从历史悠久的中国商业文化中汲取营养,树立中国品牌形象,提高中国品牌的知名度和美誉度。
4. 树立质量意识,培养工匠精神,以匠心创新创意品牌,打造世界名牌,为企业、社会和国家奉献自己的价值。

## 思维导图

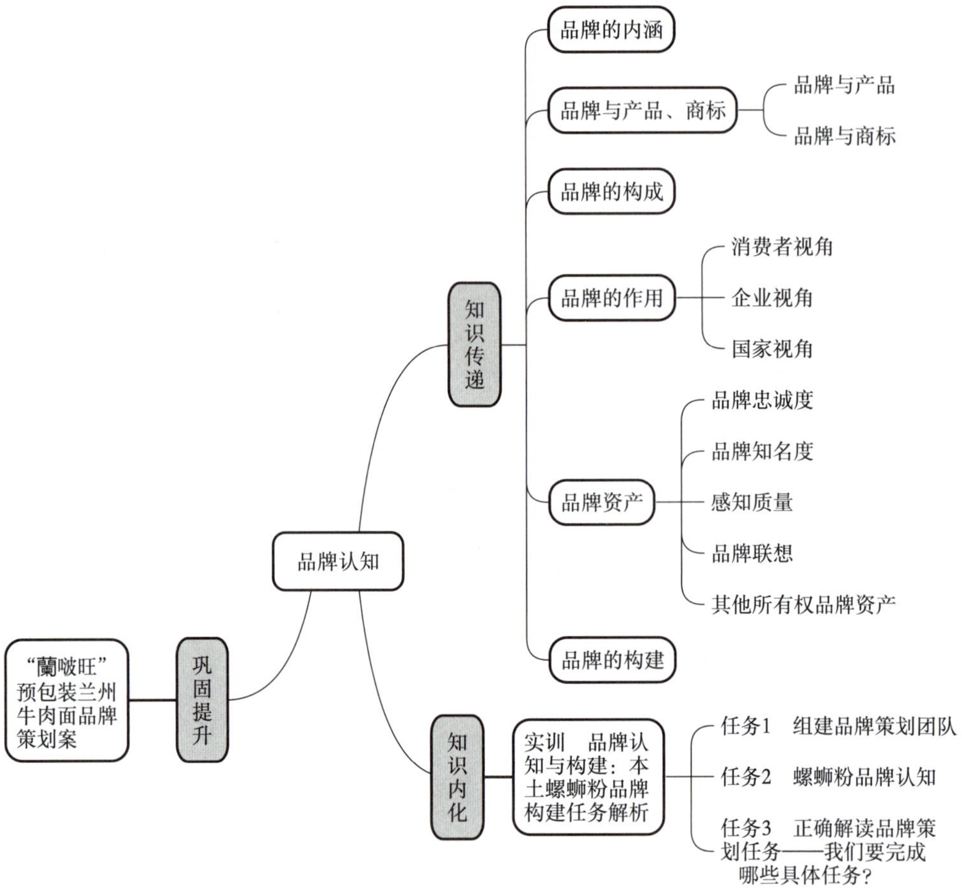

```
                                    ┌─ 品牌的内涵
                                    │
                                    ├─ 品牌与产品、商标 ─┬─ 品牌与产品
                                    │                    └─ 品牌与商标
                                    │
                                    ├─ 品牌的构成
                                    │
                         ┌─ 知识 ───┤                    ┌─ 消费者视角
                         │  传递     ├─ 品牌的作用 ──────┼─ 企业视角
                         │          │                    └─ 国家视角
                         │          │
                         │          │                    ┌─ 品牌忠诚度
                         │          │                    ├─ 品牌知名度
                         │          ├─ 品牌资产 ─────────┼─ 感知质量
"蘭啵旺"         ┌─巩固─┤          │                    ├─ 品牌联想
预包装兰州 ──────┤  提升 │          │                    └─ 其他所有权品牌资产
牛肉面品牌       └──────┤          │
策划案                   │          └─ 品牌的构建
                         │
                         │                               ┌─ 任务1  组建品牌策划团队
                         │          实训  品牌认知       │
                         │          与构建：本           ├─ 任务2  螺蛳粉品牌认知
                         └─ 知识 ──  土螺蛳粉品牌 ──────┤
                            内化    构建任务解析        │  任务3  正确解读品牌策
                                                         └─ 划任务——我们要完成
                                                            哪些具体任务？
```

 知识传递

### 一、品牌的内涵

市场营销是为企业的竞争服务的，品牌是市场竞争的重要工具。作为当代重要的营销概念，品牌有着极其丰富的内涵，我们应当全面地理解和把握。

1. 品牌是识别标识符号

品牌 Brand，源出古挪威文 Brandr，意思是"烧灼"，人们在其饲养的牲畜身上烫上一个火印，用这种方式来标记自家的牲畜群，以区别他人私有财产。

1960年美国市场营销协会（American Marketing Association，AMA）在其出版的营销词典中对品牌的定义如下：名称、术语、标记、符号，或设计，或是上述元素的组合，用于识别一个销售商或销售商群体的商品与服务，并使之与竞争对手的商品或服务区分开来。

由此可以看出,品牌的最基本的含义是识别符号,用于区隔竞争者。当然,这个定义仅仅强调了品牌的识别功能,并没有触及品牌的本质和内涵。

从这个定义上来说,品牌包括品牌名称和品牌标志两个部分。

品牌名称是品牌中可以用语言表达和称呼的部分;品牌标志是指品牌中可以被识别,但不能用言语称呼的部分。图1-1至图1-4所示为华为、李宁、佳味螺、好欢螺等品牌标志。

图1-1　华为品牌标志
（来源：企业网站）

图1-2　李宁品牌标志
（来源：企业网站）

图1-3　佳味螺品牌标志
（企业供图）

图1-4　好欢螺品牌标志
（企业供图）

2.品牌是一个整体形象

奥美广告公司的创始人、著名的广告大师大卫·奥格威从广告传播的角度首次提出了品牌形象理论。他认为"品牌是整体形象而不是细微的产品差异",他指出:品牌是一个复杂的象征,是一个无形的集合体,包括产品的品质、名称、包装、价格、历史、声望以及广告风格。

3.品牌是对消费者的利益承诺

1994年著名营销学家、被誉为"现代营销学之父"的菲利普·科特勒对品牌的概念进行了新的界定:品牌是销售者向购买者长期提供的一组特定的特点、利益和服务。品牌至少包含以下六个方面的内容:属性、利益、价值、文化、个性及用户。这个定义较全面、完整地阐述了品牌概念的内涵,强调了品牌的消费者价值意义。

4.品牌是一种互动关系的总和

美国著名品牌营销专家、被誉为"现代品牌营销之父"的戴维·阿克认为:品牌是产品、符号、人、企业与消费者之间的联结和沟通,品牌是一个全方位的架构,涉及消费者与产品沟通的方方面面,并且品牌更多地被视为一种"体验",一种消费者能亲身参与的更深层次的关系,一种与消费者进行理性和感性互动的总和;若不能与消费者结成亲密关系,产品将从根本上失去被称为品牌的资格。

此定义强调了品牌与消费者之间的一种持久、强韧的合作关系,是消费者体验的总和。

知识活页

你知道中国最早的商标是什么吗？

5. 现代品牌概念的总结

现代的品牌概念,是一个以消费者为中心的概念,没有消费者,就没有品牌。品牌是一种能产生溢价和增值的无形资产,其增值的源泉来自消费者心中形成的关于品牌及其产品的印象和感受。消费者是品牌得以存在的核心,也是品牌价值体现和提升的基础。

从企业具体的营销实践来看,品牌实际上同时包含了上述的几层含义,因此,对品牌内涵的理解,我们应该从整体上去把握:品牌是一种识别标志、一种利益承诺、一种精神象征、一种价值理念,是消费者所体验的总和,其目标是建立品牌和顾客之间的长期关系。

## 二、品牌与产品、商标

### (一) 品牌与产品

品牌与产品是两个极为密切的概念,虽有着诸多的联系,但又有很大的不同。

现代产品策略大师史蒂芬·金的一段话明确了品牌与产品的本质区别:产品是工厂所生产的东西,品牌是消费者所购买的东西。产品容易被模仿或复制,而品牌是独一无二的;产品会过时落伍,但成功的品牌却能持久不衰。

1. 品牌与产品的区别

(1) 产品是具体的实物存在,消费者可以实际感知;而品牌是抽象的情感认知,是消费者对产品一切体验的总和。

(2) 产品是物理属性的组合,具有使用功能以满足消费者的消费需求;品牌代表的不仅仅是一系列的产品属性,更体现某种特殊的利益,如情感性利益或自我表达利益等。

(3) 产品是载体,是品牌的物质基础,而品牌是精神,是对产品所做的人格化描述。

(4) 产品产生于车间,重在质量与服务,而品牌产生于营销,贵在传播。

(5) 产品具有(市场)生命周期,经历由进入市场到退出市场进而终结市场寿命的过程;而品牌没有市场生命周期,可以不断地进行更新,成功的品牌可以经久不衰。

2. 品牌与产品的联系

品牌与产品有着诸多的联系:

第一,品牌为产品服务,品牌让产品升华,品牌带给消费者的意义远远大于产品本身;

第二,产品帮助品牌成长;品牌最重要的在于产品体验和口碑;

第三,产品品质是品牌核心价值的保证。

图1-5总结了品牌和产品的区别和联系。产品是品牌的物质基础；品牌不仅包含属性、范围、质量、价值和用途等产品特征，还包括品牌使用者、组织联想、品牌个性、品牌符号、品牌—顾客关系、情感利益、自我表达利益等要素。

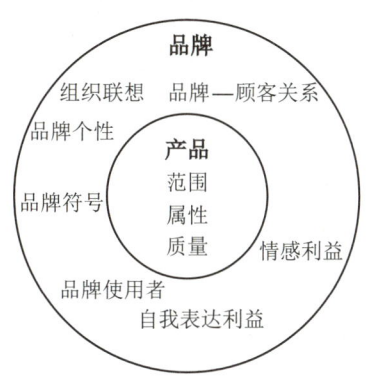

图1-5　品牌与产品关系图

## （二）品牌与商标

品牌或品牌的一部分在政府有关部门依法登记注册后，就称为商标。《中华人民共和国商标法》规定："任何能够将自然人、法人或者其他组织的商品与他人的商品区别开的标志，包括文字、图形、字母、数字、三维标志、颜色组合和声音等，以及上述要素的组合，均可以作为商标申请注册。"

商标是一个法律概念，是一个法律名词；而品牌是一个市场概念，是一个经济名词。

商标只是一个具有排他性的法律认可的识别标记，具有专用权，不同企业的商标不能相同；而品牌代表着一定的文化和个性，代表企业对消费者的承诺，也包含顾客对商家的信赖和忠诚。

商标是品牌的一个组成部分，它只是品牌的标志和名称，便于消费者记忆识别。但品牌有着更丰厚的内涵，品牌不仅仅是一个标志和名称，更蕴含着生动的精神文化层面的内容，品牌体现着人的价值观，象征着人的身份，抒发着人的情怀。如果把品牌比作一个巨大的冰山，商标只是冰山露出水面的一角。

品牌只有打动消费者的内心，才能产生市场经济效益，同时品牌只有根据《中华人民共和国商标法》登记注册后才能成为注册商标，才能受到法律的保护，避免其他任何个人或企业的侵权行为。

从归属上来说，商标掌握在注册人手中，而品牌植根于消费者心里。商标的所有权是掌握在注册人手中的，商标注册人可以转让、许可自己的商标，可以通过法律手段打击别人侵权使用自己的商标。但品牌则植根于广大消费者心中，品牌巨大的价值及市场感召力来源于消费者对品牌的信任、偏好和忠诚，如果一个品牌失去信誉，失去消费者的信任，它就一文不值。

| 知识活页

中国是商标大国，又是品牌弱国

## 三、品牌的构成

品牌的构成要素主要有以下两个方面,如图1-6所示。

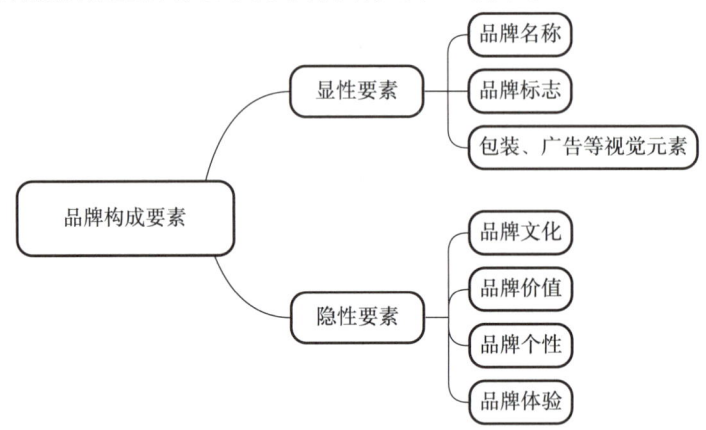

图1-6 品牌的构成要素

1. 品牌构成的显性要素

显性因素是品牌外在的、具象的、可被消费者直接感知的因素,主要包括品牌名称、品牌标志,以及包装、广告等视觉元素和对外宣传物(见图1-7和图1-8),它能给人以更具体、更清晰的品牌形象记忆,帮助消费者更好地识别和记忆品牌。

图1-7 品牌的外显要素——产品包装
（企业供图）

图1-8 品牌的外显要素——广告
（企业供图）

2. 品牌构成的隐性要素

隐藏在显性因素后面的、不被消费者直接感知的、品牌内在的富有内涵的因素,主要包括品牌价值、品牌个性、品牌体验和品牌文化等因素,是品牌的核心。

## 四、品牌的作用

### （一）消费者视角

1. 品牌为消费者简化了购买决定,节省了挑选时间和精力

面对琳琅满目的商品,引导消费者选择是品牌的价值之一。因为品牌可以帮助

他们理解、处理并存储大量产品信息,品牌在消费者心中代表着某个品类或特殊属性、功能,当消费者产生某方面的需求的时候,可以对号入座,直接进行选购,这就大大地节约了消费者购买时所花费的时间,并且降低了消费者精力损耗的成本。

2.品牌为消费者提供了质量保证,减少了购买风险

消费者不是技术专家,也未必有全面可靠的信息来支撑购买决策,品牌能够为产品的品质、性能、服务等提供可靠的承诺和保证,从而降低消费者的购买风险。

3.品牌提供给消费者不同的生活方式

品牌通过宣扬一种生活方式,如极简主义、轻奢主义、环保主义等,以此契合消费者的生活态度和消费观念,来赢得消费者的青睐;消费者在消费和使用相关品牌产品的时候,也是在对外宣示自己的生活主张和价值观念。比如,小米品牌因其所蕴含的"极客""发烧"精神,受到年轻群体的热捧。无印良品代表着文艺青年的生活态度,也逐渐将"极简生活"的理念融入消费者的心中。

4.品牌有助于消费者表现自我

品牌为每一个追求自我实现的人发声。品牌在人们的心目中代表了使用者的身份、地位、品位和个性。当下很多年轻消费群体不再追求传统意义上的名牌,而是开始注重更能凸显个性和价值观的小众品牌。知名休闲服装品牌美特斯·邦威的品牌口号"不走寻常路"就迎合了其目标消费群追求活力、时尚、个性化的心理需求,帮助消费者更好地表现自己的个性追求。

### (二)企业视角

1.区隔竞争对手

对企业来说,品牌的基础功能就是区隔竞争对手。企业通过独特的产品品质或赋予品牌独特的个性化形象,形成与竞争对手的差异化,占据独特的市场位置,便利于消费者识别、选择和购买。

2.提供竞争优势,形成竞争防线

品牌长期的差异化诉求赋予了品牌独特的消费价值,使其拥有高水平的消费者品牌知名度和忠诚度,形成市场竞争优势,在面对竞争对手的正面进攻时,例如激烈的价格竞争,可以筑起森严的壁垒,有效地阻挡竞争对手的攻击;对于潜在的、尚未进入市场的企业或品牌,品牌所占有的强势的市场地位往往又使潜在进入者望而却步,放弃进入市场的念头,从而让企业得以长期保持较高的市场份额。

当品牌成为市场中的强势品牌并占有较高的市场份额时,企业面对渠道合作商将拥有较强的价格谈判力,并且能争取到渠道商更多的合作资源支持,比如更多的货架空间、更强的促销力度等。

3.有助于进行品牌延伸,助力新产品上市

通过品牌延伸,将新产品与原有品牌联系起来,利用原有品牌的知名度、美誉度和忠诚度,就可以大幅缩短消费者的认知和接受时间,并大大提高消费者对新

产品的接受度,进而大大降低新产品投入市场的风险和难度,促进新产品事半功倍的业务增长。

4.品牌是企业重要的无形资产

这个主要表现在,享有较高知名度和美誉度的品牌能给企业带来巨大的经济效益。首先,消费者愿意为购买知名品牌支付更多的费用,因此,品牌可以提高企业获利率,产生额外的收益。美国的一项品牌调查数据显示,居于市场领导地位的品牌,其平均获利率是居市场第二位的品牌的四倍。另外,这个体现在品牌授权交易的价值上。企业通过品牌授权不仅可以实现规模的快速扩张,还能获得巨大的经济收益。品牌授权被称为21世纪最有前途的商业模式,在世界500强公司中,就有三分之一是通过品牌授权的方式实现扩张的。

品牌资产已经成为企业在兼并、并购、合资、资产重组、核算企业资产等经营活动中关注的重要无形资产。

品牌所具有的资产价值可以进行评估和作价,并用货币金额来体现。例如,在2020年福布斯发布的品牌价值榜单里,华为的品牌价值为85亿美元。

### (三) 国家视角

品牌是生产者和消费者共同的追求,是供给侧和需求侧升级的方向,是企业乃至国家综合竞争力的重要体现。加强品牌建设,有利于推动经济大国向经济强国转变,有利于满足人们更高层次物质文化需求,有利于弘扬中华文化、提升中国形象。

发展品牌经济,就是以新发展理念为指导,全面改善影响品牌发展的质量、创新、诚信、文化、人才、营销和环境等要素,推动产业结构调整,促进经济转型升级,为实现中华民族伟大复兴的中国梦奠定更加坚实的基础。

中国品牌日

## 五、品牌资产

根据戴维·阿克的界定,品牌资产是指与品牌(名称和标志)相关联的,可为企业或顾客增加或削弱产品价值或服务价值的资产和负债。显然,品牌资产是以商标(品牌名称和标志)的价值为表现形式的,如果品牌名称或标志发生变化,部分甚至全部品牌资产或负债就会受到影响,甚至消失。品牌资产反映在消费者对有关品牌的想法、感受以及行动的方式上,同样它也体现于品牌的价格、市场份额以及盈利能力。

品牌资产可以帮助顾客理解、处理并存储大量的产品信息和品牌信息;可以影响顾客的购买信心;还可以增加顾客对产品使用的满意度,从而创造更大的顾客价值。

品牌资产不但能为顾客创造价值,同样也能为企业创造价值。高品牌资产可以为企业提供竞争优势,建立市场壁垒;可以让企业拥有高水平的顾客品牌知名度和忠诚度;可以提供较强的渠道上的杠杆力;可以获得更高的边际收益;可以通过品牌扩展实现企业的扩张发展。

品牌资产主要包括品牌忠诚度、品牌知名度、感知质量、品牌联想、其他所有权品牌资产五个方面,这些资产通过多种方式为顾客和企业提供价值,如图1-9所示。

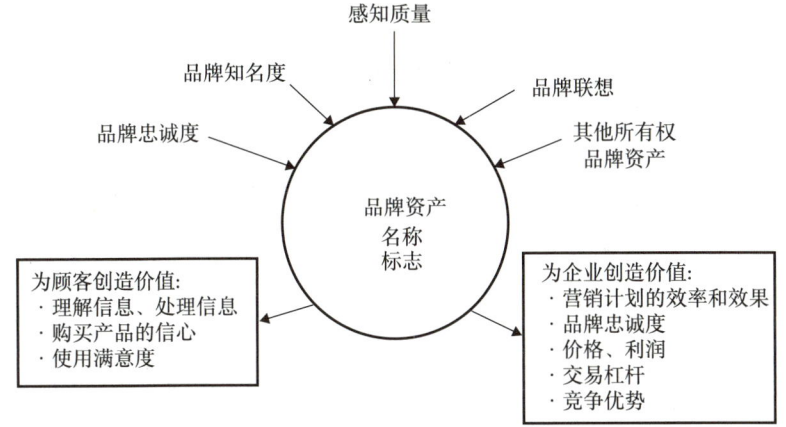

图1-9　品牌资产(戴维·阿克)

### (一)品牌忠诚度

品牌忠诚度是衡量品牌忠诚的指标,是品牌资产的核心要素,反映的是顾客对品牌的偏爱、信任和依赖程度。高度的品牌忠诚,可以为企业提供稳定的市场基础,降低企业的营销成本,有效抵御同业竞争。

### (二)品牌知名度

品牌知名度指的是一个品牌在消费者心中的强度,或者说消费者对一个品牌的记忆程度,反映的是一个品牌对某类产品的代表性程度、消费者对某个品牌的熟悉程度以及品牌引发的好感。品牌知名度的建立至少有两个作用:第一,消费者从众多品牌中能辨识并记得目标品牌;第二,能从新产品类别中产生联想。

### (三)感知质量

感知质量是顾客对某一品牌总体质量的感知,这个感知来自产品或服务使用之后。感知质量并不完全是指产品或服务本身,它同时包含了生产品质和营销品质。感知质量可以直接影响顾客的购买决定和品牌忠诚度,也可以支持品牌的高价优势。

### (四)品牌联想

品牌联想是指记忆中与品牌相联系的一切事物,包括感觉、评价、经验、品牌定位等。这些事物组合起来就会形成一个完整的品牌形象。品牌联想指标可以反映消费者对品牌的态度以及情感,提供产品差异化和品牌延伸的依据。

这些联想大致可以分为产品特性、消费者利益、相对价格、使用方式、使用对象、生活方式与个性、产品类别、比较性差异,等等。例如,说到华为,人们会想到手机,然后会想到高科技,还会想到华为缔造者任正非那个不屈不挠的企业家形象。这样的联想,可以变成购买理由,也可以增加我们对服务的信心,强化品牌忠诚度。

### (五)其他所有权品牌资产

其他所有权品牌资产包括商标、专利、渠道关系等。商标可以清晰区隔竞争对手,防止竞争对手鱼目混珠,从而保护品牌资产。专利作为现代市场经济中重要的知识产权,会让顾客在购买决策时产生心理偏向,直接影响对品牌的选择,使品牌避开竞争。基于品牌建立的渠道关系也能成为品牌资产的重要组成部分,例如,华为手机专营店推出多种服务,可以助力华为品牌在消费者心中树立"顾客第一"的品牌形象。

图1-10简洁地揭示了品牌资产如何产生价值。每种品牌资产创造价值的方式各不相同。

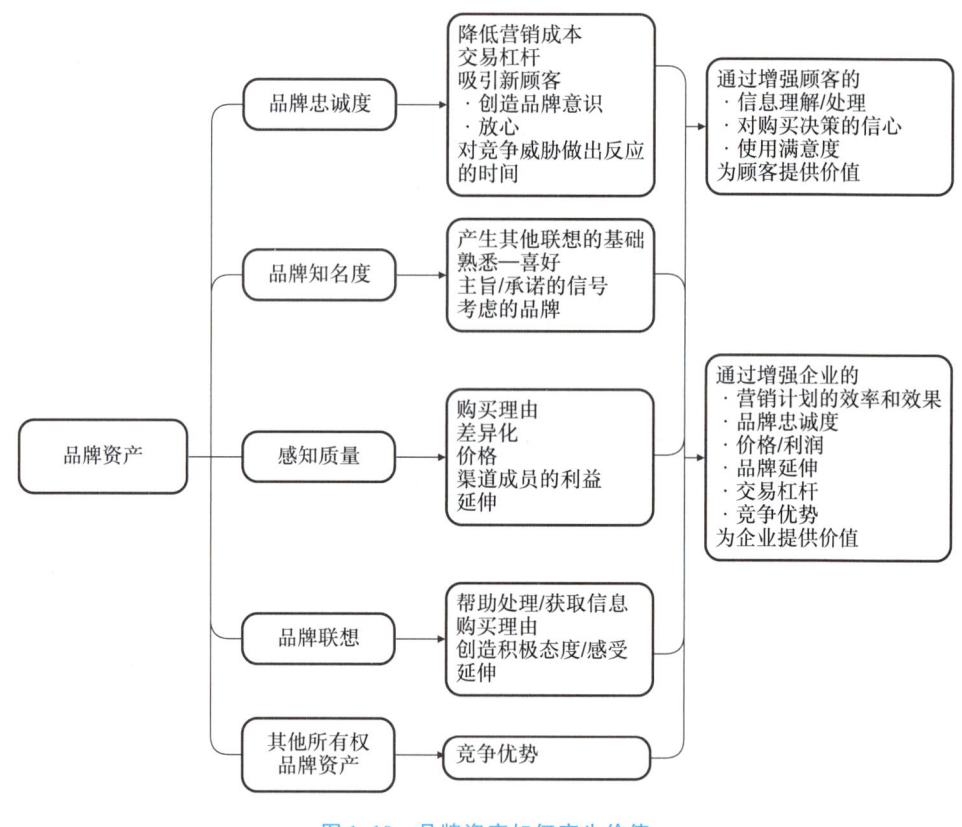

图1-10 品牌资产如何产生价值

(资料来源:戴维·阿克《创建强势品牌》。)

## 六、品牌的构建

从企业实际的操作看,品牌构建的核心是建立品牌识别。狭义的理解,这个品牌识别就是品牌形象识别,其包含四个层次:符号识别、利益识别、情感识别、共同价值(文化)识别。通过品牌识别或者品牌形象识别的落地,建立品牌和顾客的长期关系,形成品牌资产。

因此,品牌的构建,实际上就是建立包含全部层次识别元素的品牌识别系统,并通过持续地与消费者交流沟通,建立强大、正面以及独特的品牌联想,同时,获得消费者的认同,培养与消费者的长期关系,树立品牌形象,形成企业的品牌资产,促进企业营销目标的实现。

步骤一,开展市场调研分析,探寻品牌发展的问题点和机会点。

市场调研分析的重点是对行业、竞争对手、目标消费者、企业(品牌)本身这四个方面的情况进行全面科学的调研与分析,梳理品牌发展的优势、劣势,明晰品牌发展的问题点和机会点。

步骤二,占领目标消费者心智——品牌定位。

创造品牌的秘诀就是提炼个性鲜明而又富有感染力的核心价值,并将之植入消费者心中,加以维护和升华。因此,品牌构建的第二步就是在品牌调研与诊断的基础上,提炼出符合企业实际情况及未来发展,对消费者有感染力和号召力,高度差异化、清晰明确、易感知、有包容性和能触动感染消费者内心世界的品牌核心价值,以此为基础,进行品牌定位,使品牌在目标消费者心中占据第一的、独特的、有利的位置。品牌定位是品牌建设的基础,是品牌经营的前提。

步骤三,设计品牌识别系统,品牌价值立体展现。

完成品牌定位后,重要的工作就是规划以品牌核心价值为中心的品牌识别系统。品牌识别体现品牌战略管理者期望的品牌联想及品牌代表的方向。

品牌识别系统能够让品牌核心价值具体化、生动化,使品牌识别与企业的整合营销传播活动的对接具有可操作性。

步骤四,实施品牌整合营销传播,建立品牌形象。

结合自身情况制定相应的传播与推广策略,以品牌识别为统领,整合企业的一切营销传播活动,使品牌识别元素执行到企业的所有营销传播活动中,使每一次营销传播活动都演绎传达出品牌的核心价值、品牌的精神与追求,确保企业的每一分营销投入都可为品牌做加法,都能为提升品牌资产做累积。

步骤五,持续地进行品牌运营与维护,强化品牌资产。

品牌在推向市场之后,面对不断变化的市场以及激烈的市场竞争,随时都会出现品牌形象、品牌价值受损甚至被瓦解的问题,如果企业不能很好地应对,品牌将毁于一旦。因此,企业要持续通过品牌保护、品牌运营维护、品牌危机公关等一系列品牌管理工作,维护品牌形象,保持品牌价值,防止品牌老化、空心化,避免陷入品牌陷阱或危机,维持品牌市场地位,以实现品牌之树长青。

品牌建设并不是一蹴而就的,而是一项终生的事业。正如星巴克公司创始人所说:品牌其实是很脆弱的,你不得不承认,星巴克或任何一个品牌的成功不是一种一次性授予的封号和爵位,它必须以每一天的努力来保持和维护。

## 项目一　自学自测

在线答题

**简答题**

1.品牌与产品有什么联系与区别？
2.品牌与商标的关系是怎么样的？
3.你如何理解品牌的含义？

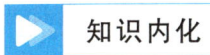知识内化

## 实训　品牌认知与构建：本土螺蛳粉品牌构建任务解析

### 任务1　组建品牌策划团队

首先让我们组建品牌策划小组（公司），小组规模以4—6人为宜，采用竞争上岗的方式确定各岗位人选，并完成下列各项。

(1)公司(小组)名称：
(2)Logo(标志)：
(3)名称寓意：
(4)口号(广告语)：
(5)各岗位人选及分工如下：

**品牌策划团队分工**

| 职务 | 姓名 | 联系方式 | 职责分工 | 备注 |
|---|---|---|---|---|
| 组长（经理） | | | | |
| | | | | |
| | | | | |
| | | | | |
| | | | | |
| | | | | |

### 任务2　螺蛳粉品牌认知

选择在淘宝网销售量前三的任意一个螺蛳粉品牌作为研究对象，搜集整理选定品牌的相关资料，对该品牌的一些基本要素进行观察分析，并由此总结对品牌含义的理解。请将研究成果做成展示PPT，并将要点记录在下表中。

**螺蛳粉品牌研究**

| 研究目标 | | 研究结果 |
|---|---|---|
| 该品牌长什么样子？<br>（品牌要素分析） | 品牌定位 | |
| | 产品FAB分析 | |
| | 品牌名称 | |
| | 品牌标志 | |

续表

| 研究目标 | | 研究结果 |
|---|---|---|
| 该品牌长什么样子？（品牌要素分析） | 品牌字体 | |
| | 品牌颜色 | |
| | 包装设计 | |
| | 终端形象设计 | |
| | 品牌广告语 | |
| | 品牌故事 | |
| | 品牌代言人 | |
| 消费者怎么评价该品牌 | 知名度 | |
| | 好评度 | |
| | 复购率 | |
| 对品牌含义的理解 | | |

### 任务3　正确解读品牌策划任务
——我们要完成哪些具体任务？

如果我们为一个新创柳州螺蛳粉品牌策划营销活动，我们应该做些什么？请将研究成果做成展示PPT，并将要点记录在下表中。

**品牌策划任务解读**

品牌策划小组：_____

| 序号 | 任务名称 | 工作内容 | 备注 |
|---|---|---|---|
| | | | |
| | | | |
| | | | |
| | | | |
| | | | |

## 实训项目评价

**1.任务完成评价**

针对团队考核。任务完成情况评价满分为100分。其中，作品文案为85分，提案为15分。教师评价占比为40%，企业评价占比为40%，学生互评为20%。

### 任务完成评价表

| 评价指标 | | 分值 | 企业评价 | 教师评价 | 学生互评 | 得分 |
|---|---|---|---|---|---|---|
| 作品文案 | 团队名称和标志的创意性和合理性 | 20 | | | | |
| | 品牌要素调研内容全面，资料丰富 | 20 | | | | |
| | 品牌内涵理解的正确性 | 25 | | | | |
| | 工作任务解读的完整性和逻辑性 | 20 | | | | |
| 提案 | PPT设计 | 5 | | | | |
| | 语言表达 | 5 | | | | |
| | 形象 | 3 | | | | |
| | 团队配合 | 2 | | | | |
| 总评分 | | 100 | | | | |

2. 个人表现评价

对个人在完成工作任务过程中的表现进行评价。按五个等级划分：90—100分为优秀，80—89分为良好，70—79分为中等，60—69分为合格，0—59分为不合格。评价分为团队评价与学生自评。

### 个人表现评价表

姓名_____ 学号_____ 团队_____ 团队负责人_____

| 评价项目 | 考核要点 | 团队评价（70分） | 个人自评（30分） | 占总评分比例/（%） | 得分 |
|---|---|---|---|---|---|
| 任务完成情况 | 按时按质完成团队分配的任务 | | | 40 | |
| 工作态度和责任心 | 工作积极主动，富有责任心 | | | 15 | |
| 团队合作精神和协作能力 | 能良好表达自己的观点，善于倾听他人的观点 | | | 15 | |
| 独立思考和创新能力 | 能提出新的想法、建议和策略 | | | 15 | |
| 信息素养和学习能力 | 善于搜集并借鉴有用资讯和好的思路和想法 | | | 15 | |
| 总评分 | | | | | |

## 项目学习小结

1.通过项目的学习,你掌握了哪些知识点?请画出思维导图。

2.在完成本项目学习和实训的过程中,你学会了哪些分析和解决问题的方法?

3.在完成本项目学习和实训的过程中,你认为自己还有哪些地方需要改进?

 巩固提升

/ 实战案例 /

## "蘭啵旺"预包装兰州牛肉面品牌策划案

【项目背景】

1994年,甘肃陇萃堂营养保健食品股份有限公司创立,这是国内营养健康食品行业集健康食品技术研发、产品设计及全渠道销售于一体的新三板挂牌企业。

2018年,陇萃堂袋装兰州牛肉面产品正式上市,以预包装兰州牛肉面产品"嘻烧"正式布局方便速食行业,产品供应链日臻成熟稳定,口味还原度不断提升,新品结构多样化,渠道承接日益增强。

2021年,正值新式堂食兰州牛肉面馆赛道火热之际,陇萃堂找到欧赛斯(上海欧赛斯文化创意有限公司),为其预包装兰州牛肉面品牌"嘻烧"进行全方位的升级,随后,"蘭啵旺"横空出世,成为带领速食兰州牛肉面冲击粉面赛道的第一梯队,共同携手开启"新速面时代"。

一、市场分析

对行情(市场)、敌情(竞争对手)、客情(消费者)、我情(资源禀赋)进行信息分析,找本质、找规律、找趋势、找驱动、找机会,帮助品牌上位。

(一)行情分析

1.市场规模

方便速食市场规模超过2500亿元,已趋于存量市场状态。

2.市场趋势

线上消费增长趋势明显,一二线城市消费占七成,但二线城市与四至六线城市的市场体量更为庞大。

3.消费趋势

传统品类仍占主流,但越来越多新品入局,呈现多元化竞争态势。地域美食渐热,武汉热干面、鸭血粉丝汤等小众品类逐渐出现在大众视野。

4.消费市场

速食消费重心向华东市场倾斜,次一级消费市场以华南和华中为主,向全国范围辐射。

5.货架趋势

新零售时代,有形货架和无形货架的作用和投入比例差异显著,无形货架越来越受重视。

6.市场阶段

方便速食行业处于快速拓展期,渠道驱动是助推关键。

7．消费入口

兰州牛肉面品类身处消费者选择一级入口，占据天然地理优势。

8．便利店渠道研究

国产连锁便利店品牌势头强劲，京东强势布局一二线城市，或许在未来，国产便利店、互联网和无人零售技术会都对中国的便利连锁品牌产生更为深远的影响。

9．市场走访调研

（1）方便速食行业存在季节性消费——热汤面食受季节影响，北方城市存在明显的淡旺季，即秋冬是热汤面速食的销售旺季，春夏是淡季。

（2）特色粉面速食货架竞争激烈，但尚未出现头部品牌。

（3）冷柜目前方便速食品类铺设有趋势，但不够丰富，或将成为一个机会。

（4）普通速食货架品类丰富，已呈现饱和状态，色彩繁杂，但尚未出现头部品牌大面积占领货架的情况。

（5）甘肃省外市场除了西安，一般无兰州牛肉面的直接竞品。

（二）敌情分析

1．传统泡面市场发展：内外环境双压之下，刺激传统泡面推陈出新

在方便面被外卖行业打压，进入衰退期后，刺激方便速食行业整体转型升级，追赶消费升级，催生大量的特色方便速食品类、独特的产品开发技术、包装研发技术等。

大背景下，具有强竞争力的方便速食品类突出重围，头部品牌正在慢慢形成，方便速食产业进入第二发展阶段。

2．竞品发展趋势：高端化与强味觉记忆双线发展

方便速食产品一部分走向高端化、健康化、丰富食材化，如康师傅的速达面馆、统一满汉大餐、拉面说、统一那街那巷。

另一部分如阿宽红油面皮、李子柒螺蛳粉、食族人酸辣粉等新入局的速食品牌，重在打造强味觉记忆点。

3．竞品共性：链接年轻消费群体＋资本加持

新方便速食品类中，受资本青睐的头部品牌，一般都拥有符合年轻人的消费习惯、品牌文化、社交营销，或者强大的产品专利技术与团队支撑产品开发迭代。

（三）客情分析

1．市场走访调研——B端客情

一般优势城市经销商配合度都比较高，劣势城市不缺优质经销商，缺少的是尖刀型产品来做市场破局。

各个地区的口味偏好、消费能力会对产品的进货和销售产生较大影

响,所以从产品端做渠道精细化保护刻不容缓。

高价新品需要用小箱规产品来切入市场,减少渠道商与终端对于本品与传统大牌泡面的价格比较,降低其价格敏感度。

2.线上问卷调研——C端客情

主力消费城市:二线、四至六线城市是方便速食产品的主力消费城市,一线城市客单价最高。

主力消费群体:女性、年轻人是方便速食产品的主要消费群体。

从性别上看:女性是方便速食产品当前的主要消费人群,男性客单价略高于女性,且消费额占比有所提升。

从代际上看:"85后""90后"和"Z世代"的消费额占比高于其他人群,构成速食市场的核心消费力量。对比其他代际,"Z世代"的客单价最低,未来消费升级前景下消费潜力还可以进一步挖掘。

主要购买动机:方便、口味、品牌是三大购买要素。

主要消费场景:单身人群易被宿舍、夜宵场景打动;已婚人群偏好户外、家庭场景;男性偏好晚间加班场景或晚餐的食用场景,女性偏好日常中午进餐的场景和周末个人宅家的正餐场景。

人群口味偏好:年轻人爱吃辣,年长者口味偏向清淡。

人群品类偏好:自煮食品＞微波食品＞自热食品,但目前货架陈列自热食品所占面积远高于前两者,证明前两者的品类潜力仍有很大的挖掘空间。

人群购买渠道:男性偏好在线下的终端货架购买,女性偏好在线上电商平台购买。

产品认知渠道:男性一般从货架陈列认识某款新产品,女性一般通过线上博主推荐"种草"。

产品购买频次:年轻男性是高频率(月均高于4次)购买者,常规人群购买频次每月1—2次的居多。

(四)我情分析

1.现状

"嘻烧"产品在电商渠道与外埠市场渠道潜力很大,但这两个渠道的经营现状并不理想,应对产品、价格、渠道、促销进行匹配的战略布局,充分开发两大渠道的潜力。

2.成长

陇萃堂企业在28年间,对其经营模式与生产模式不断升级。

3.潜力

兰州牛肉面已申请成为国家非物质文化遗产,是兰州的一张"名片",陇萃堂参与了预制兰州牛肉面的标准起草制定,是细分赛道中极具冠军潜质的黄金选手。

4.能力

陇萃堂是新三板上市企业,深耕兰州市场28年,拥有强大的地缘优势,且陇萃堂已成为兰州龙头企业,在市场势力范围、对外关系、当地影响力等方面都表现不俗。

5.地缘优势

陇萃堂扎根于地方特色物产领域,身处兰州牛肉面的发源地,历经企业28年的耳濡目染,深受甘肃地方特色文化熏陶,在口味和文化传承上有着强大优势,有利于赋予产品品牌价值,有利于消费者将产品与"正宗"二字建立联想。

二、洞察

(一)面食品类自带长期消费属性所具有的潜力

洞察一:面食作为具有便捷性的正餐,更符合新一代消费人群的主食选择。

洞察二:具有长期属性的日常消费品种是最有生命力的,新一代方便速食产品也要做日常消费品种。

洞察三:要成为畅销流行的日常消费品,需要卡住一级流量入口,居正中央。

(二)无须市场再教育的品类,打造产品力与品牌力才能直切主流

洞察四:兰州牛肉面已经完成了市场教育和消费者消费习惯的培养,新品牌横空出世可以直插主流、直切流量。

洞察五:新一代方便速食既要方便、有品质、超值,又要能提供满足感,还要赌谁能更快让年轻人上瘾。

(三)抓住渠道的优势帮助品牌"出圈",明确竞品,建立防御竞争机制

洞察六:要做好品牌营销,一定要明确谁是敌人,谁是朋友,要洞悉竞争对手、竞争优势背后最大的竞争弱点,并针对性策划及阻击。

洞察七:从调研来看,电商及新媒体是新方便速食的营销发声及品牌"出圈"主战场;便利店、精超、新零售终端是消费者产品消费习惯驯养的主战场;超市等是消费习惯建立后流量拦截及囤货的主战场。

(四)速食兰州牛肉面品类的领先优势,在于驯化市场与创造客户话题

洞察八:速食兰州牛肉面要打开市场需要进行习惯替代及习惯驯化。

洞察九:新方便速食行业,尤其是兰州牛肉面速食领域,领导者无法通过垄断原材料实现总成本领先,而需要创造客户能力,来实现总成本领先——创造客户的能力来自创造品牌的话题及内容能力。

## 三、判断

### (一)战略判断一:占领地位

陇萃堂最大的战略机会在于其主导兰州牛肉面产业,并率领兰州牛肉面产业,直达中国面产业的核心,即占领兰州牛肉面,做大兰州牛肉面;主导大产业,需要大战略,需要大企业家,对企业整合资源建立主导地位的能力要求越高。

### (二)战略判断二:升维竞争

陇萃堂的竞争机会不是目前这个品类内部维度的竞争,需要升维竞争,降维打击。

新方便速食产品的低维度竞争很激烈,但高维度竞争很匮乏。这一个维度的问题,要到上一个维度里寻找答案。答案永远比问题高一个维度,解决问题的最好方式,是升维思考。

### (三)战略判断三:拦截流量

兰州牛肉面的竞争机会是特性占品类、品类带产品、产品带品牌、品牌占位置、品牌抢心智、品牌起内容。

品牌做的不是品类教育,而是直接拦截品类流量。要想有效地拦截品类流量,就需要在占领品类基础特性的基础上,要重新定义一碗好兰州牛肉面——封杀特性,建立标准。

消费者需要一个品牌名去记忆,这个品牌名一定要有易传播、有认知的特点,这样的品牌名最大的价值是抢占记忆能力更强、行业占位能力更强。

经典的大众化低价位产品,进行广泛投放型的品牌传播是不经济的,要把品牌传播做起来,就需要有品牌内容能力。

### (四)战略判断四:丰富矩阵

食品品类需在统一品牌价值平台上延展产品矩阵。

食品类品牌消费者购买逻辑是就近购买,品牌的成功逻辑是渠道铺市、动销及精耕,而渠道精耕需要体系化的地面团队,靠单一产品无法打造业务团队闭环的盈利模式,产品品牌需要在同一个品牌价值平台基础上为产品线的延展、产品矩阵的不断推出及优化奠定基础。

## 四、战略

基于战略根本判断,完成战略体系的整体构建。企业的战略系统包括了企业战略、竞争战略、品牌战略等各职能板块。

### (一)企业战略:一横一纵——占大势双卡位大战略

一横:横范围经济,兰州特产及高端滋补品即陇礼的销售渠道,商贸能力是核心能力,也是地基业务。

一纵:垂直规模经济,新消费品牌的全国品牌营销、渠道运营及产品销售。

横向提升范围经济,通过买手、选品、包装三方面做好"人群的生意";纵向提升规模经济,通过产品、渠道、品牌三方面做好"品牌的生意"。

运用"一纵一横"战术,占据战略制高点,将品牌价值、卖点、产品、表现、范式做到极致化,加大品牌杠杆,实现卡位兰州牛肉面赛道的第一,并且带领兰州牛肉面卡位新方便速食品牌的第一,在大赛道与自赛道都占据最有利的位置,与面食这个赛道一同成长。

(二)竞争战略:打造竞争防御体系

| 面临的主要竞争 | 竞争对策 | 措施 |
| --- | --- | --- |
| 其他品类威胁:<br>其他品类方便速食品牌 | 封杀第一入口流量<br>("中华第一面"就选陇萃堂) | 带来兰州牛肉面占领"中华第一面"认知<br>升维竞争,降维打击 |
| 同类品牌竞争:<br>那街那巷等 | 品牌及内部价值链系统超越<br>重塑行业规则,促进行业生态健康 | 建立产品及品牌价值优势<br>陇萃堂兰州牛肉面的价值优势全新定义<br>升级及重新定义产品价值 |
| 低价品牌冲击:<br>川香厨房等 | 反定位竞品低品质<br>结构化产品体系 | 占领品质标准<br>成为标准的输出者,将低价产品锁定低端 |

(三)品牌战略:借、占、抢、定、切、起

1.借

必须借助兰州牛肉面的高认知——品类已经完成了全民的心智普及教育,必须一举借助高认知、切割信任值,强势卡位并占领,进行"洗脑式"的认知营销。

2.占

必须占领行业第一制高点——陇萃堂牛肉面站在了机遇面前,必须一举占领行业第一高点,代言兰州牛肉面的正统性,再借兰州牛肉面代言中国面条的正统性,达到"双正统"效果。

3.抢

必须封杀行业第一特性,抢占更多流量——在竞争中聚焦企业资源打透一个点,坚决跳出价格战的旋涡,建立自己的战略范式,形成自己的战略节奏,封杀行业第一特性,才能抢占更多流量,撬动价值链资源。

4.定

必须重新定义一碗好的兰州牛肉面——做兰州牛肉面新标准的制定者,必须在消费者沟通端也输出产品标准,重新定义好兰州牛肉面。

5.切

必须坚决切割旧形象,紧紧抓住年轻消费者——摆脱兰州牛肉面低价值感的旧形象,成为中国现代新消费主义的代表,成为年轻人喜爱的品牌,要通过制造冲突、启动话题来"出圈"。

6.起

满足六大标签,成为一碗有身份标签、有话题的新国粹主义速食面。

(四)品牌定位:中华传承级真味速食面

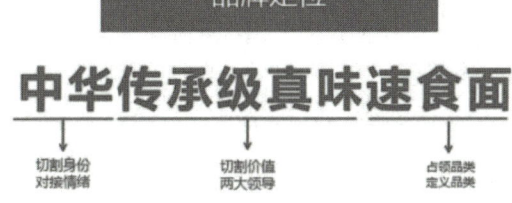

我们要率先进行品类占位,建立高端正宗的兰州牛肉面形象,让其成为消费者的首选,在概念和品类上压制竞品。

所以,我们将"堂食原味"升维到"国粹真味"并作为品牌的核心价值,将产品的"餐厅级口感"升维到"传承级口感",以"真国粹"产品对立"伪日系"竞品,将品牌定位为中华传承级真味速食面。

中华——切割国民品牌的身份,对接热爱民族与国家的情绪。

传承级真味——将"国粹真味"作为传承价值,先成为速食兰州牛肉面领导品牌,再带领兰州牛肉面成为中华面赛道的领导品牌。

速食面——以"速面"占领速食面品类,定义本品牌的品类为速食面赛道。拉面说、阿宽等对自身品类的界定为新方便速食,我们需要找到一个更为新锐的表达方式去切割市场,必须形成压制,必须新锐!

# 真味速面

速泡面
新国萃速泡系列

＋

速煮面
新国萃煮艺系列

五、策略

战略确定后就需要策略贯穿,"一竿子捅到底",让所有工作都成为引擎、强化引擎、驱动引擎。"中华传承级真味速食面"核心在"真",它是一个核心价值点,一句购买理由,一个语言系统,一个超级符号,一个超级战略,一个速食面产品家族,一个速食面产品标准,一个对金牌速食面品类别的心智占领、话语霸权、市场垄断和产业扩张,一个生态,一个新"速面"时代。

(一)消费者细分

将"Z世代＋Y世代"为主的年轻消费人群为目标消费市场。

(二)目标市场细分

以不同消费场景细分,大致分为线上市场与线下终端零售。

(三)品牌概念:品牌价值体系

品牌定位:中华传承级真味速食面

(四)品牌内涵——新先锋国粹主义风格

1.视觉风格:新先锋国风主义——经典国风新演绎＋先锋设计元素

2.语言风格:"Z世代"Freestyle语体——年轻人共鸣的潮流语言体与年轻人对话

3.品牌个性:新锐＋先锋

(五)品牌语言体系

1.品牌命名:蘭啵旺

品牌名是第一决策——对一个进到高竞争市场的要撕开市场缺口的新竞争者来说,赢得营销战的唯一方法可能是强差异化入局,其中品牌名是企业的第一个重大决策,品牌名必须未战而胜,必须通过品牌名节省掉一半的传播成本。

命名即战略——"嘻烧"命名尚有缺憾,虽有年轻感,但内涵及外延不足,无法承载成为兰州牛肉面第一品牌,并带领兰州牛肉面成为中华面食第一品牌的战略任务。

命名即冲突——增强经济属性、创造陌生感、启动话题,情理之中、意料之外。情理之中即符合品类及品牌特性的,意料之外是和消费者(竞争对手)的习惯、想象的品类及品牌表达方式不同。创新制胜,让所有竞品成为我们的背景板。

**蘭啵旺™**

蘭啵旺＝No.1＝兰州第一面＝中华第一面;

蘭啵旺,年轻先锋的名字,自带No.1光环,自带传播力,有无限内容创作;

蘭啵旺,代表兰州牛肉面技术的革新;

蘭啵旺,代表中国新消费品牌崛起的力量;

蘭啵旺,代表中国当代饮食文化及生活方式;

蘭啵旺,要让一碗最传统的面,成为中国新消费主义的先锋代表;

蘭啵旺,要让消费者头脑中对品类"小、脏、乱、差"等的传统认知成为我们的营销燃料!

2.超级广告语:中国拉面,华人味道

通过划阵营、立身份、表态度,与消费者建立情感共鸣。

(六)品牌差异化要素

1.产品差异化:根据特性,建立标准"三真原味一品香",成为USP

(1)特性:兰州牛肉面传统的特性是"一清二白三红四绿五黄"。

一清:牛肉汤清,肉汤气味香浓,色清洁净。

二白:白萝卜片加入汤中,显得纯白如玉。

三红:辣椒油鲜红。

四绿:香菜、蒜苗浮于汤面上,格外翠绿。

五黄:面条柔滑透黄。

(2)建立标准:基于特性,高于特性——"三真原味一品香"。

我们需要在传统标准"一清二白三红四绿五黄"的基础上,形成属于我们的第一特性,并私有化这个特性,我们需要对这个特性拥有解释权,让这个特性成为全局化的USP标签,成为购买理由,并基于此建立我们的语言系统。

兰州牛肉面传百余年而历久弥新,足见其真味,用"真"字构建独特销售价值主张,升华并提炼出"真牛·真料·真原汤"的三真好面输出标准。

• 对"三真"特性进行挖掘,构建出一个独特销售主张——"三真"、原味、"一品香",并将"三真原味一品香"作为一碗好兰州牛肉面的标准。

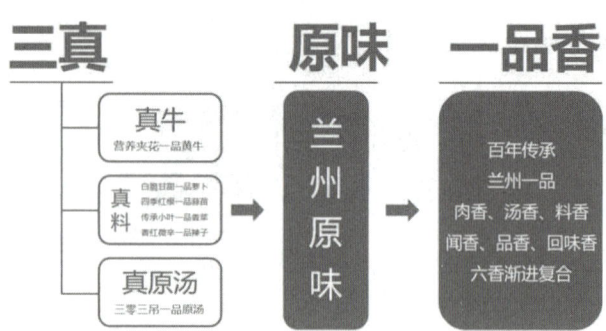

- 提炼出核心价值"真"。
- 将"三真"标签化、视觉化,并贯穿全局。

- 形成一套完整、全面、独特的消费主张。

2.形象差异化

以新先锋国风主义的风格,融合新锐与传统两大类型,对产品包装形象全面升级。

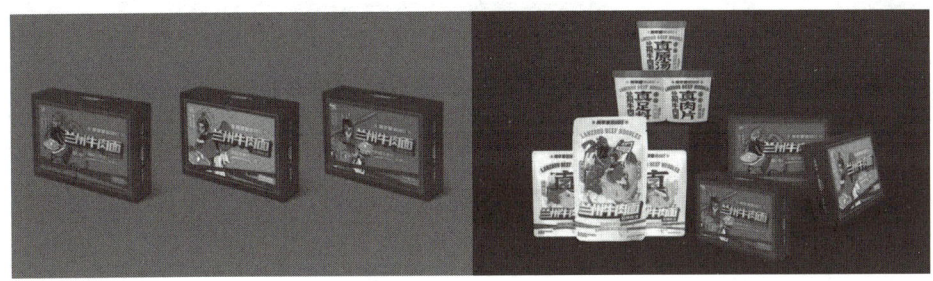

(七)品牌信任状

兰州牛肉面传承谱系不强,从传承人来说,早期有陈、马两家,后续再传承,则各自有不同的子嗣与徒弟,脉络混杂,随着时代发展,传承谱系与口味的关联度减弱,兰州乃至整个甘肃出现了大街小巷兰州牛肉面馆随处可见的情况,谱系优势已很难让大众消费者买单,未能为品牌"出圈"赋能。

我们需要代表兰州牛肉面技术革新的先锋,代表中国新消费品牌崛起的力量,代表中国当代饮食文化及生活方式的引领者。什么样的信任状能承载这样的战略任务?

(1)成为兰州牛肉面标准制定者,占领行业解释权。

(2)评选顶级美味世界大奖"奥斯卡奖",占领心智资源最高位置。

(3)建立兰州牛肉面研究院(与兰州政府合办),占领区域正统性最高位置。

其他品牌都在强调传承人,但兰州牛肉面传承谱系不强,传承人不是正统性最强抓手——而是要从产品本身体现兰州牛肉面正统性。

(八)品牌壁垒——开创语言范式

1.打造一个认知母体——中国人的蘭啵旺

一个文化母体、一个道德高地、一个文化高地、一个精神高地,或者一个信任高地;让品牌拥有一个极高的势能,自上而下俯冲;在"顶天"的背后往往是"立地",即在它的底层,是企业的业务组合,往往会存在一个或者多个"印钞机"(现金流)业务来支撑。

新方便速食行业因为低技术门槛,领导者无法通过供应商议价实现总成本领先,而需要通过创造客户的能力实现总成本领先。创造客户的能力,在喜茶、奈雪的茶、茶颜悦色这几个品牌上得到充分的展现。

"兰州第一"和"中华第一"都是蘭啵旺。

2. 通过嫁接中国国粹文化的宝库,打造平等有趣的文案风格

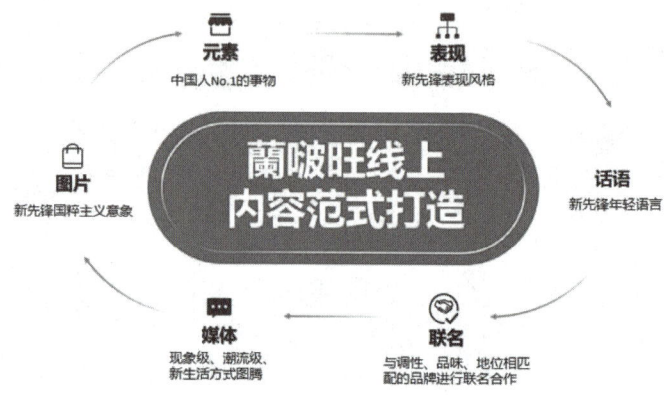

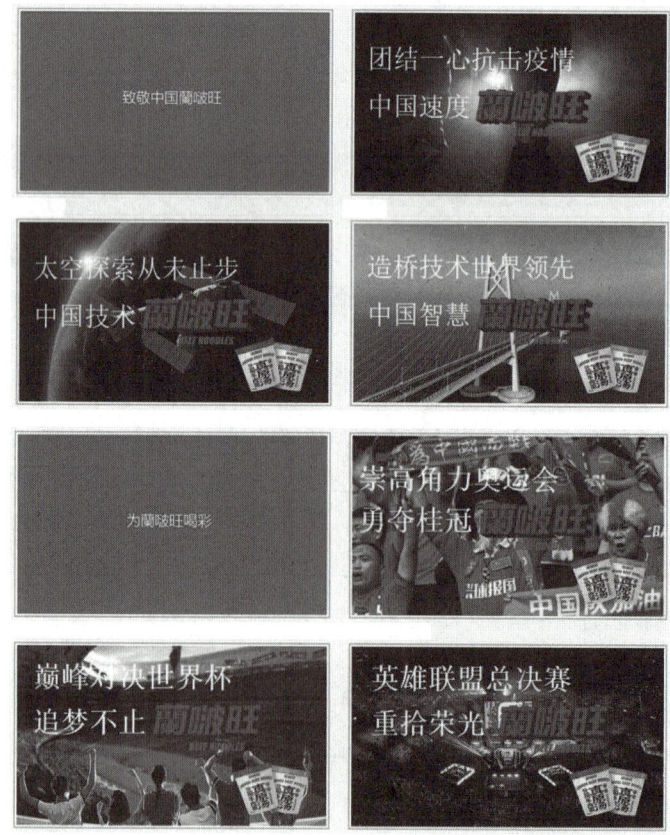

六、表现

创意是将战略戏剧化,表现则是将战略视觉化。

蘭啵旺战略视觉创意表现策略:打破对传统兰州牛肉面的认知;创造意想不到的冲突感;采用新一代锐利先锋表现手法。

(一)品牌超级色彩

欧赛斯项目团队在众多颜色中反复挑选斟酌,寻找最能彰显品牌先锋新锐个性的色彩。在不断地寻找和试错中,最终选择"新锐红"作为品牌超级色彩。"新锐红"自带强烈的色彩识别印象、跳脱的视觉效果,最贴近目标消费人群"Z世代"所具有的新锐、活力、潮流等特性。

(二)三大品牌辅助色

(三)蘭啵旺品牌Logo

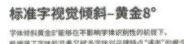

(四)蘭啵旺品牌标志与广告语组合

（五）蘭啵旺品牌主K

（六）蘭啵旺视觉应用

### 七、将品牌战略贯彻到营销4P之中

将品牌战略贯穿到经营系统中,在经营中占领核心价值:营销4P必须要彻底贯彻品牌战略,每一个营销动作要贯彻品牌战略,每一张纸都要贯彻品牌战略。

#### (一)产品体系

在产品体系中,每个产品都有其自身的战略任务,它们各司其职,以点带面。所以,我们为蘭啵旺建立起桶装速泡、袋装速煮、盒装速煮三大产品体系,从而满足多种使用场景,满足线下零售与线上电商两大销售场景。

**1.明确产品任务**

线下产品:借"兰州牛肉面"品类高认知截取货架流量。

线上产品:速煮面立形象,造品牌,做高价值牛肉面。

**2.打造产品体系**

沿"速面"概念,划分出"速泡面"与"速煮面",切割不同的消费场景与需求。

线下：桶装速泡，以即时消费满足为导向，布局终端货架。

线下：袋装速煮，既满足即时性消费需求，又在袋装陈列区域树立品牌形象，打造线下消费者对品牌的品质感知，帮助桶装产品脱离"泡面"认知。

线上：盒装速煮，以高品质、高颜值、高社交力来打造品牌形象，帮助品牌"出圈"。

3.优化产品结构布局

在不同的产品体系中，划分出了九个产品，从不同的产品品质与价格来优化产品结构布局，占据从顶端到中端的产品结构位置。

4.产品理性价值梯度打造

为了完成产品结构优化布局，我们需要优先建立不同产品的理性价值梯度，帮助产品在实现"高质优价"的前提下，在体系内形成一定梯度的价值区隔，避免产品内耗，满足不同消费人群的选择需求。

例如，线下桶装产品通过产品内容物的增加来提升产品的理性价值梯度。

真原汤：主打原汤的卖点，以无肉款占领中端市场，以薄利多销打开市场。

真肉片：主打真肉的卖点，以10g肉增加产品价值梯度，成为中端产品中最具性价比的产品。

真足料：主打"肉蛋双飞"的足料卖点，占领中高端市场，以高价值、高满足提高产品品质感，作用接近于形象款。

此外，线下袋装速煮、线上盒装速煮两条产品线，也应根据不同的产品内容物、不同的产品形态，打造产品之间的理性价值梯度。

5.提升产品静销力

产品要促成购买，在拥有完整的产品结构之后，最后一步就是提高产品静销力。

购买前：通过冲击力包装引发购买行为。

购前在包装上能带给消费者购买逻辑的信息主要有品类、特性、符号、价格、品牌。越靠前的信息，一般在首次购买逻辑中更为重要，是重要的购买理由。

购买后：通过提升内料包价值感产生复购。

购后逻辑一般是带来体验感、满足感之后，对品牌产生记忆，才会产生复购。

(二)价格策略

指高打中，高质优价，纺锤形价格带，为顾客提供质高价优的产品。

线下，我们需要瞄准一线市场，产品梯次升级，刷渠道流量能力升级；线上，则需要全面与拉面说形成对立。

## （三）渠道策略

在渠道上，我们建立了五个阶段的战略次序。

第一阶段：攻占华东市场，建立优势渠道试点。

从调研分析全国各城市的数据汇总得出：华东是方便速食消费的主力市场，既百家争鸣，又竞争激烈！华东难攻，但示范效应明显，一旦攻破，便能迅速破开销量困局，快速见效。所以，华东市场势在必得！

第二阶段：分兵两路，建立华南与华中市场。

第三阶段：借助优势及经验，实现全国其他区域扩张。

第四阶段：集结兵力和资源，贯穿西北区域。

第五阶段：空白市场扫盲，全国区域联动深耕。

## （四）整合营销传播

整合营销传播是品牌占领消费者心智的利器，是品牌储钱罐。蘭啵旺的整合营销传播策略总结起来就是："一二三四百千万，中国拉面蘭啵旺。"

1. 一大年度营销战略核心：全国铺面，重点进攻

在全面铺面时，重点进攻华东市场，将其作为战略核心。

2. 两场全国铺开关键机会：糖酒会＋中食展

以成都糖酒会与上海中食展两大线下行业招商盛会为突破口，进行全新品牌的亮相。

辅以"品牌战略升级发布会"，正式进行新产品、新品牌的亮相活动，与线下招商活动互相形成导流，扩大新品招商影响力。

3. 三大产品阵列全线发力：传统牛肉面＋风味营养面＋干拌牛肉面

三大线上产品强势"出圈"，以传统牛肉面为主推产品，风味营养面与干拌牛肉面作为辅推产品，布局产品"种草"与品牌营销。

4. 四大线上数字爆破创意：出道＋出声＋出卖＋"出圈"

拆解产品2022年"出圈"计划，以AIPL模型规划数字营销四步骤。

步骤一：出道——以"种草"＋事件营销，吸引大众注意，正式出道。

步骤二：出声——发布主题歌，引发用户兴趣并参与，扩大品牌影响力。

步骤三：出卖——以"6•18"大促为营销节点，发布品牌广告片并进行病毒式营销，将流量转化为销量。

步骤四："出圈"——未来，以事件营销＋跨界营销＋口碑营销为方向，打造品牌价值属性，深化品牌内涵，对多个领域产生影响，并巩固已有顾客的品牌忠诚度。

5.百日线下促销落地活动：固定促销＋节日促销

新品牌占领消费者心智，要从促销做起，但促销需有度、有法、有变化、有闭环。一个产品如果长期没有举行促销活动，就相当于与消费者失去了沟通，消费者会被其他品牌所吸引，最终转向其他品牌，所以每隔一定时期，产品必须进行促销活动来活化市场，常以"月度"规划来进行。

产品的促销力度要经常变化：长期进行同种力度的促销，消费者会形成价格记忆，促销价格会慢慢成为常规价格，不做促销消费者就不会购买。

所以，我们制定了"全年促销月历"，形成了固定促销与节日促销结合的促销模式。

6.千条KOL/KOC横扫心智：KOL/KOC笔记＋视频小红书"种草"

小红书密集话题"种草"，有利于正向引导天猫搜索流量和销售量提高。由达人围绕产品卖点进行内容围捕，触发多场景如户外场景、加班场景，不断深化用户认知，借大量产品安利，最终形成电商平台的销量转化。

7.万条UGC内容口碑爆破：全民素人自发进行共创互动助力品牌"出圈"

在四大线上数字爆破创意——出道＋出声＋出卖＋"出圈"中，结合日常的营销动作，扩大UGC内容声量，在营销玩法上助推用户创作内容的产出，引爆全民素人的自发参与，才能破圈形成品牌口碑。

（资料来源：上海欧赛斯文化创意有限公司商业实战案例，略有删改。）

## 思考题

1.请梳理此案例中品牌营销策划的逻辑思路和工作任务。

2.品牌营销策划的核心任务是什么？

# 项目二　品牌定位策划

## 教学目标

### ● 知识目标

1. 掌握品牌定位的内涵，了解品牌定位的目的。
2. 了解品牌调研的主要内容。
3. 掌握品牌定位的步骤和策略。

### ● 能力目标

1. 能对品牌现状和营销环境进行调研和简要分析。
2. 能够运用品牌定位的相关知识、工具进行品牌定位。

### ● 素养目标

1. 具有团队合作精神和能力，具备良好的沟通能力，能够协作完成团队工作任务。
2. 具有创新意识和能力，能够运用正确的方法获取信息和利用信息，以及掌握新知识、新技能，有创意地完成项目任务。
3. 提高工作主动性，增强责任感及法律意识、服务意识。
4. 具有良好的思维习惯和创新意识，善于从专业角度独立思考，来创新创意品牌定位。
5. 树立质量意识和工匠精神，以匠心创新创意品牌，打造世界知名品牌，为企业、社会和国家奉献自己的价值。

## 思维导图

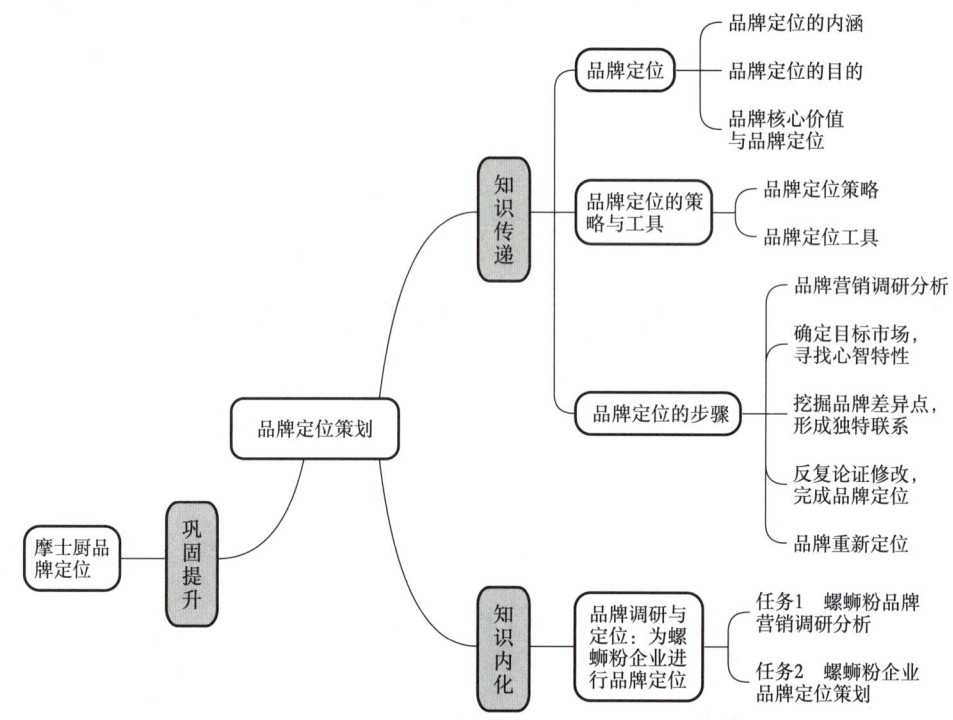

## 知识传递

### 一、品牌定位

#### (一)品牌定位的内涵

关于品牌定位的相关理论,可以追溯到20世纪60年代。两位年轻的广告人艾·里斯和杰克·特劳特首次提出了定位理论,两人于1972年撰写了一系列名为"定位的时代"的文章,发表于美国专业期刊《广告时代》,引起了营销界的巨大反响。他们在文中指出,定位是企业为了在目标顾客心目中占据独特的位置,而对公司的产品、服务及形象进行设计的行为,并形象地比喻在消费者脑中存在一级级的小台阶,人们将产品放在小台阶上排队,而定位就是要找到这些小台阶,并将产品与某一台阶建立联系。菲利普·科特勒(Philip Kilter)认为"产品的价值在目标顾客的心智中形成了特有的认知,这就是定位"。定位实质上是一种攻心战略,它不是去创造什么新产品,而是在消费者心智上下功夫,期望在他们心目中留下独特的印象,占据一个有利的位置。

品牌定位,是指企业在营销调研的基础上,寻找和挖掘自身品牌的独特个性或优势,并将此优势与目标消费者心中的空白点形成对应,从而使品牌在目标消费者心智中占据独特的位置,并借助整合营销传播使品牌能够在目标消费者心中建立起强有力的联想和留下独特印象的战略性行为。简单来说,品牌定位就是企业将自身的独特之处,植入目标消费者心智中并占据重要位置,建立本品牌在消费者心智中与众不同的形象和地位。

品牌定位的本质是确定品牌与消费者之间的关系以及与竞争品牌之间的关系。因此,企业在给自己的品牌定位时,首要的任务是把握目标消费者的特征,并把体现这种特征作为自身角色化的实际内容,通过角色扮演来寻找能够使自己安身立命的市场空间。

理解品牌定位的内涵,有三个方面需要特别注意:

1. 对品牌进行定位的前提,一定是基于全面合理的营销调研

掌握翔实的市场状况和数据,展开合理的分析,是品牌定位以及后续品牌传播工作的基础,也是企业系列营销工作至关重要的第一步。对品牌进行市场定位前的调研,一般包括企业所处行业的现状和发展趋势,重要竞争者的品牌战略和定位,目标消费者的物质、心理、精神等需求,企业自身的品牌资源条件四个方面。在为品牌开展定位工作前,一定要进行细致的调研,切不可拍拍脑袋做决定。

2. 品牌定位的核心是在目标消费者心智中创造一个关于品牌价值的独特印象

以此与同类品牌形成明显区别,从而有利于提升自身的市场竞争力在进行品牌定位时,一定要紧扣企业能够满足目标消费者物质和精神层面的明确需求,从目标消费者的心智出发,并为其提供简单、明确、具体的购买理由,从而在目标消费群体的心智中形成独特的价值认知,将品牌植入其心。

3. 对产品进行设计研发、更新换代,并且在价格、渠道、促销等层面形成差异化

完成对品牌的定位设计后,并不等同于已经在目标消费者心智中占据独特位置或能够唤起其与品牌的紧密联系,而是需要企业围绕这个"定位",对产品进行设计研发、更新换代,并且在价格、渠道、促销等层面形成差异化,以整合营销的方式顺利传递给目标消费者。因此,品牌定位工作并不是孤立存在于营销工作中的,它是整个营销工作的重要立足点。

一般而言,品牌的定位不能在短时间内随意改变,因为多次更改品牌定位,会使消费者对该品牌的认知陷入混乱,模糊品牌在消费者心中的明确地位,从而不利于品牌的传播与管理,削弱品牌效应。但品牌定位也不是不能改变,在企业经营中,也会根据行业变化、技术更迭、竞争者和消费者的改变,以及原有定位过时或不精准,品牌战略发生改变等实际情况,对品牌的定位进行修改。

## (二)品牌定位的目的

1. 使品牌明显区别于竞争对手,让消费者能够识记

一方面,在信息爆炸的时代,每天都有海量的品牌信息涌向消费者,它们以文

字、声音、视频、图片等形式出现在商场外立面、各类广告宣传品、纸质传媒、电视画面、移动终端、各类软件程序中,覆盖着消费者日常生活的每一处。

另一方面,消费者的心智资源又非常有限,面对每天主动或被动接收到的成千上万的信息,他们不可能有时间对商品和企业的信息逐一进行了解和体会,大量同质化的品牌信息,特别是对于被动接收到的信息,在他们的脑海里几乎转瞬即逝,只对那些有明显差异化价值的品牌才会产生深刻的记忆。

因此,品牌定位的一个重要目的,就是深度挖掘品牌与竞争者之间的差异,找到目标消费者的情感因素、情绪因素、需求因素等心智层面上的空白点,将它们进行有效链接,即可达到让消费者识记品牌定位的目的,从而提高品牌价值和品牌市场竞争力。

2. 力争占据消费者心智中同类品牌的第一梯队,成为他们心目中的首选

从营销心理学上看,人们存在着先入为主的认知。哈佛大学心理学家米勒(Miller)的研究指出,普通人的心智最多能同时处理七个信息;特劳特的研究则提出了"二元法则",即"从总体和长远的角度来看,你会发现市场往往演化成两个大品牌竞争的局面",他认为消费者心智中的阶梯最多能容纳七个品牌,而最终能够被记住的只有两个。举几个非常明显的例子,说到电商平台,我们会首先想到淘宝和京东;说到碳酸饮料,我们会想到可口可乐和百事可乐;说到西式快餐,我们会脱口而出麦当劳和肯德基;说到手机,我们脑海里会涌现华为和苹果。

也就是说,企业只有努力把品牌做到在时间或实力上成为同品类中的第一或并列第一,才能在消费者心中稳稳占据首位,搭建起他们和品牌之间强有力的联想桥梁,并且让品牌给他们留下独特印象,使品牌成为消费者购买时的首要选择。

3. 为企业成功创建品牌,打下坚实基础

建设一个成功的品牌,需要经过品牌定位、品牌规划、品牌设计、品牌传播与推广、品牌运营与维护、品牌评估与诊断等一系列步骤。其中,品牌定位是整个品牌建设系统的第一环节,也是其他环节的基础。如果品牌定位不准确,那么这种偏差会传导到后续品牌建设的过程中,最终导致品牌建设达不到预期效果。如果品牌建设中已经出现了失误,那么开展品牌定位的工作,可以为修正定位提供策略建议,进而实现品牌建设与预期效果一致的目的。

4. 为产品开发和整合营销传播,提供统一的正确方向

品牌定位的确立可以为企业的产品开发和营销计划指引方向,后续的产品开发必须体现该品牌向消费者所做出的承诺,各种短期营销计划也不能够偏离品牌定位的指向,企业要根据品牌定位来塑造自身。

品牌定位与品牌传播在企业的整合营销传播战略中存在先后顺序,这决定了两者之间是互相依赖的关系。品牌定位是整合营销传播的基础,任何试图扩大品牌知名度的传播活动都必须以品牌定位为立足点;而品牌定位的信息,也必须通过营销

战略组合传递给目标消费者,且营销战略组合只有紧紧围绕品牌定位这个核心,才能向目标消费者传递出持续、统一、独特的品牌信息。

### (三)品牌核心价值与品牌定位

1. 品牌核心价值

品牌核心价值是品牌向消费者承诺的核心利益,它代表着品牌对消费者的终极意义和独特价值,是一个品牌最独一无二且最有价值的精髓。它让消费者明确、清晰地识别品牌并记住品牌的利益点与个性特点,是促使消费者认同、喜欢乃至爱上一个品牌的主要力量。

品牌核心价值分为三个层面:功能价值、情感价值和自我表达价值。

(1)功能价值。

品牌给消费者提供的产品功能性利益或者相关的产品属性,如功效、性能、质量、便利、服务等。这是品牌价值中最基础的部分。

(2)情感价值。

如果购买和使用某品牌能够让消费者产生某种良好的感觉,这种感觉为消费者拥有和使用品牌赋予了更深的意味和创造了密切的关系,这一品牌就具有了情感价值。给功能价值(两面针——防治牙病)增添情感价值(两面针——让你的笑容更加灿烂),会让一个品牌更加具有亲和力。

(3)自我表达价值。

品牌为人们提供了传播自我形象的方式,成为消费者表达身份地位、品位个性、自我观念的表达符号,如可口可乐的"自由、奔放"、百事可乐的"青春的活力与激情"、劳斯莱斯的"尊贵"、奔驰的"权势、成功、财富"等。

2. 品牌定位

品牌定位需要涵盖和体现品牌核心价值,将核心价值这种内藏于品牌血液中的DNA,外化表达出来,植入目标消费者的心智当中。成功的品牌定位可以充分体现品牌的独特个性、差异化优势,这正是品牌的核心价值。也可以说,品牌定位是明确了方向和目标,而品牌核心价值则是实现目标过程中贯穿的主题。例如,王老吉的品牌定位是"预防上火的饮料",提供的核心价值是"下火",品牌诉求是"怕上火,喝王老吉"。

## 二、品牌定位的策略与工具

品牌定位是品牌建设的基础,也是品牌运营成功的前提。品牌定位策略是指品牌策划人员挖掘自身品牌差异化、进行品牌定位点开发的行之有效的办法。实际操作中,企业常用的品牌定位策略有价值定位、利益定位、文化和服务定位、品牌表现符号定位、消费观念定位、产品情感形象定位、品牌之间的竞争定位等。可见,品牌定位点的寻找,不一定局限于产品本身,也可以延伸到产品或企业显性和隐性的特质当中,还可以从目标消费者、品牌竞争者、品牌识别等角度全方位寻找和开发。

### (一)品牌定位策略

1. 产品定位策略

产品定位策略主要聚焦于产品本身,品牌策划人员可以从产品自身拥有的物理特性、技术手段、功能效果、外观包装、市场定价等方面来选择产品定位。

(1)从产品功能属性来选择定位。

大部分商品能够被消费者选择,最基本的原因是产品能够满足他们某方面的实际需要。如果品牌商品具有独特的功能属性,能够满足消费者的特别的需求,解决消费者的消费痛点,则该品牌商品具有与竞争品牌差异明显的消费价值和竞争优势。因此,很多企业从产品能够提供给消费者的确切的功能属性利益和满足消费者的切实需求着手,来选择品牌的定位。

两面针——中药护龈。

螺霸王——霸道美味。

老板——大吸力抽油烟机。

(2)从产品市场定价来选择定位。

对大部分消费者而言,价格始终是他们选择产品的一个关键因素,他们普遍会根据价格高低在心中给同一品类的不同品牌排序。市场价位较高的品牌,通常被消费者认为承载了更多的品牌效应,也预示着消费者具备较强的经济实力;市场价位较低的品牌,则通常被消费者认为更接地气,能够满足他们对物美价廉的追求。因此,企业如果从产品的市场定价来选择品牌的定位,会使消费者接触该定位的时候,即认定品牌在自己内心的大致序位。如定位准确,可达到直击消费者心智的作用;如定位不准确,一旦被消费者认定在心智中的序位,今后若要修改品牌定位,将困难重重。

沃尔玛——天天低价。

快乐牌——世界上最贵的香水。

(3)从产品外观来选择定位。

产品的外观,几乎是消费者购买时不可避开的选择因素,也是消费者最容易识别的元素。或产品形式独特,或造型设计独特,或色彩搭配具有识别度,或包装非常精致,或外观与产品使用场景紧密联系,总之,那些外观明显区别于竞争品牌的产品,比较适合采用这一策略。

> **知行合一**
>
> 好欢螺——有螺肉的地道柳州螺蛳粉。
> "白加黑"(感冒药)——"治疗感冒,黑白分明""白天服白片,不瞌睡;晚上服黑片,睡得香"。"白加黑"不仅在品牌的外观上与竞争品牌形成很大的差别,并且与消费者的生活形态相符合,达到了引发联想的强烈传播效果。

2.目标市场定位策略

目标市场定位策略主要聚焦于消费者,关注他们的购买目的,对产品的使用频率、使用量、使用情形,以及生活方式与价值观等,从中选择恰当的内容来作为品牌定位点。

(1)以使用者的特征为定位点。

这种定位点的开发,是把产品和特定的消费者联系起来,直接表现品牌目标人群的人口统计特征,排除其他类别的消费群体。这种定位往往直接表达了与特定人群相关的品牌产品的利益点,暗示了品牌产品能为消费者解决某个问题,带来特定利益。

> **知行合一**
>
> 百服宁——儿童专用。
> 羽西——专为亚洲女性设计的化妆品。

(2)以消费者的购买目的为定位点。

消费者的购买目的一般有三类:自用、送礼、彰显特质。对于以自用为目的的产品,可以从产品给消费者带来的满足感寻找品牌定位。对于以送礼为目的的产品,可以从表达产品作为礼品的体面和情感中寻找品牌定位。对于以彰显某些特质为目的的产品,如一些奢侈品,则可以从产品的稀缺性、高端性、昂贵性等方面着手来寻找品牌定位,例如强调产品全球限量、纯手工定制、原材料珍稀等。

> **知行合一**
>
> 脑白金——送礼就送脑白金。
> 小罐茶——大师作品。

(3)以消费者的使用场景为定位点。

这种定位策略要求品牌策划人员全方位还原消费者在使用产品时的一切行为习惯、偏好和情感联想,例如分析消费者的使用频率、使用量、使用场景等,从中选择消费者最重视的一些因素,作为品牌的定位点。

红牛——困了,累了,喝红牛。

非常可乐——非常喜事,非常可乐。

(4)以消费者的生活方式和价值观为定位点。

随着社会经济的发展,消费者的生活方式和价值观发生了深刻的变化,例如家庭结构逐渐由三代同堂转为更简单的核心家庭,家庭人均数量降低,人们由满足温饱转变为更加注重生活品质、更强调内心的愉悦,空巢老人数量连连攀升,居家式养老逐渐得到社会接纳,年轻人更乐于接受挑战、彰显个性等。这些对待生活和事物的态度转变,都在影响着消费者的行为。品牌策划人员可以从目标消费者的生活方式和价值观着手,赋予品牌相对应的精神,来定位品牌。

宅小雅——懂你,更宠你。

李宁——一切皆有可能。

美特斯·邦威——年轻、活力、个性、时尚休闲服装。

3. 竞争导向定位策略

竞争导向定位策略主要聚焦于竞争对手当前的品牌传播策略,根据市场上现有竞争者的品牌策略,或针锋相对,或反其道而行之,或另辟蹊径,来提出企业的品牌定位,目的是要在现有竞争市场上抢占一席之地。

(1)首要定位。

首要定位就是将品牌定位为某个领域的第一或最强,使自己的品牌第一个进入消费者心智,抢占市场第一的位置。这种策略的前提是品牌策划人员要找到某个市场空白点,并且企业的产品能够占领它,将品牌定位到这个空白点上,成为该市场空白的领头羊。或者,品牌策划人员要找到消费者心智中的空白点,它是其他竞争品牌没有与消费者建立过独特联系的部分,将品牌定位到消费者的这个心智空白点或情绪空白点,使得消费者在这个空白点上第一个联想到的就是本品牌。

王老吉——第一个定位为"预防上火的饮料",彼时市场上包括传统凉茶产品如菊花茶、冬瓜茶在内的所有饮料产品均没有"预防上火"这个概念,策划人员发现了这个市场空白点,并抢先占领这个空白点,王老吉成为该市场的品牌领导者,这为王老吉的成功打下了坚实基础。

(2)关联定位。

这是一种借力的品牌定位策略,一般用于在市场竞争中处于弱势地位的企业,它们希望全面打入市场,获得消费者的认可,但又面临实力雄厚、占据行业第一梯队的强大竞争者的压力。处于这种情形中的企业,可以采用关联定位策略,即从品牌定位中,表达出与行业中的强势品牌、龙头企业的关联,利用它们在消费者心智中已经建立起的独特印记,促使消费者在想起这些强势品牌的时候,能够产生联想。

宁城老窖——塞外茅台。

蒙牛——向伊利学习,创内蒙古乳业第二品牌。

(3)进攻或防御定位。

进攻型定位的目的是占领竞争对手在消费者心智中已经建立的独特联系,用本企业的品牌来取代竞争对手,从而达到抢夺市场份额的目的;相反,防御型定位的目的是防止竞争对手的进攻,避免本企业的品牌被竞争对手取代,确保自己的市场份额的一种定位策略。

特仑苏牛奶,它的定位是"更好的牛奶",配套使用的经典广告语为"不是所有牛奶都叫特仑苏"。其定位的核心为"更好",与广告语一同,将其他竞争对手完全区隔开,明确了自己的优越地位,清晰地将品牌定位传递给消费者。

4.品牌识别策略

品牌识别策略主要聚焦于本企业的品牌识别。品牌识别是与品牌相关的文字、图片、音乐、形象、风格、特质等的综合体,并不只是品牌标志等单一元素。因此,采用这种策略时,品牌策划人员要能够充分挖掘品牌现有的资源,理解它的人格化属性、文化属性、社会属性等。

(1)从品牌识别的个性角度定位。

形成品牌个性的主要因素有产品属性、价格、包装、企业形象、广告风格、民族文化、使用者形象、公共关系等,也可通过企业领袖、代言人或卡通形象来塑造和体现。强势品牌一般都有鲜明的个性。个性通常都可以用形容词来描述。比如,奔驰的"自负、富有、世故",微软的"积极、进取、自我",柯达的"纯朴、顾家、诚恳"等。值得注意的是,品牌的个性,对企业而言应该是稳定、统一和具有鲜明区别的。在产品差异化不大的同类品牌中,树立鲜明的个性,并运用品牌定位将个性表达出来,才能够使本品牌区别于竞争对手,占据消费者心智。

>
>
> 七匹狼——男人本色。
>
> 锐步——野性、年轻、活力。

(2)从品牌识别的文化特质定位。

品牌策划人员可以从企业、品牌、产品所拥有的文化因素着手,来定位品牌。品牌识别的文化特质,一般包括品牌自身特有的历史文化,也包括品牌发源地的地缘文化。依云(Evian)矿泉水,品牌文化强调水源来自法国Evian小镇,天然纯净的依云天然矿泉水将源于阿尔卑斯山的大自然礼物分享给每一位追求高品质生活的人;泸州老窖品牌文化则强调酿制技艺,传统酿制技艺入选首批国家级非物质文化遗产。

(3)从品牌与消费者的关系定位。

品牌与消费者之间的关系反映了品牌对待消费者的态度,例如海尔集团将其品牌定位为"真诚、友好、关心",非常明确地表达出品牌与消费者之间的关系。采用这种定位策略,需要同时考虑企业品牌资源要素和消费者的显性、隐性需求,探索他们情感方面的期待,寻找一个合适的定位点,将两者连接起来,再用文字表达出来。

### (二)品牌定位工具

有一些广泛应用的品牌定位技术方法,可以作为工具,帮助我们更清晰地寻找品牌定位。常见的技术方法有品牌定位3C分析法、品牌定位图分析法、ZMET隐喻解释技术法等,以下主要介绍前两种定位方法。

1.品牌定位3C分析法

品牌定位3C分析法,即指导策划人员对消费者(Consumer)、竞争者(Competitor)、企业自身(Corporation)三个方面进行全面的营销扫描,并通过这三个方面的叠加交叉分析找到品牌适当的定位点。

农夫山泉的成功之道

(1)消费者洞察。

消费者洞察围绕目标消费群体展开,目的是深入挖掘消费者的需求,以及需求背后的驱动因素,大致方法如下:首先,将目标消费者细分;其次,通过深入调研,面向消费群体开展问卷调查,和对企业内部不同部门间的访谈调研等方式,整理出消费者的需求,以及需求背后的驱动因素;最后,通过筛选,保留比较重要、集中的消费者需求。

(2)竞争者分析。

竞争者分析围绕当前同品类市场上的主要竞争者展开,目的是找出竞争对手的品牌定位方式、品牌优势、品牌定位和口号。全面掌握主要竞争对手的品牌定位信息,可以为本企业的品牌定位寻找空白点。

(3)企业优势分析。

企业自身优势分析时,要求策划人员对企业及其产品能够真实提供给消费者的功能、效果、档次、利益、情感、状态等内容进行梳理和罗列。

(4)3C叠加。

3C叠加指将以上对消费者、竞争者、企业自身三者的分析分别画成一个圆,将内容重叠部分进行叠加。企业优势与消费者两个圆叠加的部分,是对需求进行可差异化定位的内容,通常也是企业的最佳定位点。除最佳定位点外,其余重叠部分,也应该在品牌定位时综合考虑,它们分别为:消费者和竞争者两个圆的叠加部分,表示需求待开发的内容;竞争者与企业自身两个圆的叠加部分,表示企业与竞争者没有差异的内容;消费者、竞争者、企业自身三个圆的叠加部分,是市场的共同因素。品牌定位的3C框架如图2-1所示。

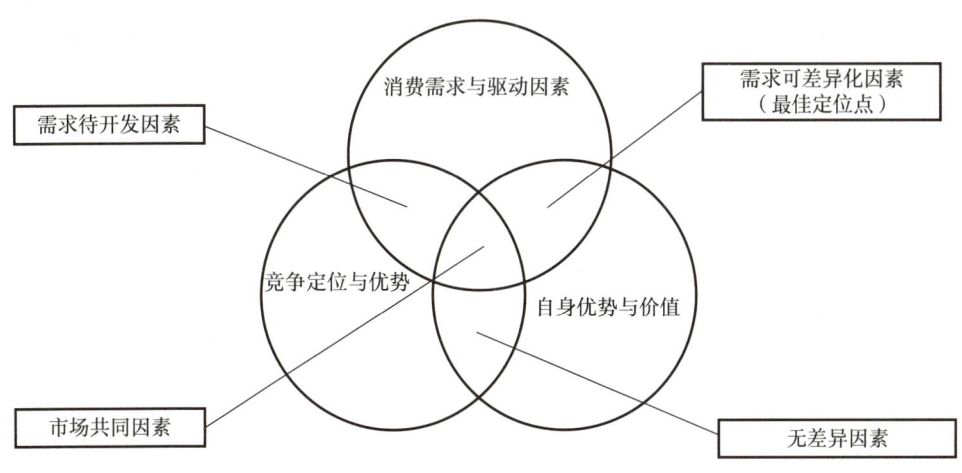

图2-1 品牌定位的3C框架

2.品牌定位图分析法

品牌定位图(Brand Mapping)分析法主要通过对市场上各种竞争品牌的定位进行比较分析,来发现细分市场上的空白点,进而找到自己品牌的定位点。品牌定位图是一种直观的、简洁的定位分析工具,一般采用平面二维坐标图对品牌识别、品牌认知等状况做品牌之间的直观比较,以解决有关的定位问题。坐标轴代表消费者评价品牌的特征变量,图上各点则对应市场上的主要品牌,它们在图中的位置代表消费者对其在各关键特征变量上的表现的评价,如图2-2所示。

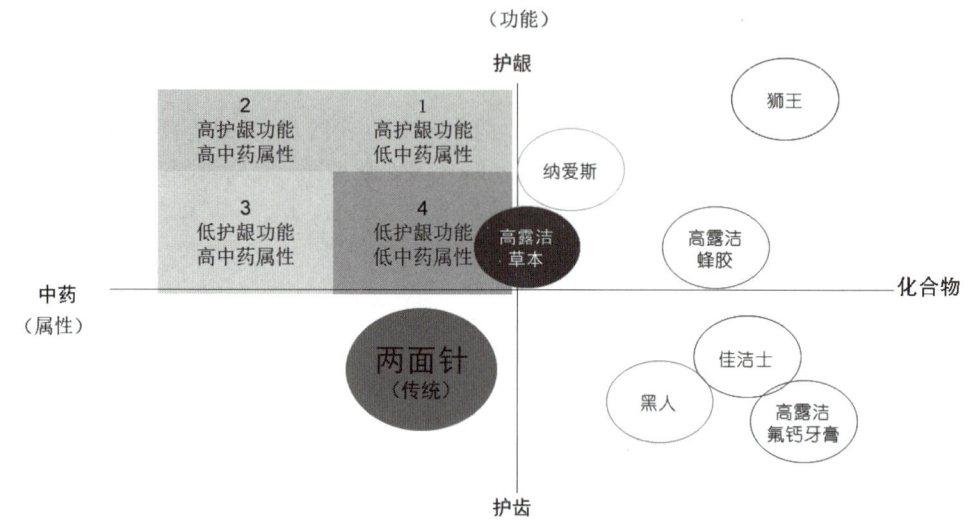

图2-2 牙膏市场品牌定位图

运用品牌定位图分析法来确定品牌定位,包括以下四个步骤。

(1)确定关键的特征变量。

企业需要通过市场调查了解影响消费者购买决策的诸多因素及消费者对它们的重视程度,然后通过统计分析确定出重要性较高的几个特征变量,再从中进行挑选。图2-2中牙膏市场的分析选择了牙膏属性(中药/化合物)和功能(护龈/护齿)两个消费者购买牙膏时比较看重的因素做分析。

(2)确定各品牌在定位图上的位置。

选取关键变量后,接着就要根据消费者对各品牌在关键变量上的表现的评价来确定各品牌在定位图上的坐标。当然,在确定位置之前,要保证各个品牌的变量值已量化。

(3)明确市场空白。

通过已绘制出的知觉图,明确当前产品市场在哪些特征变量的什么程度上属于空白,或竞争对手数量较少,实力较弱。这些市场空白就是企业可以进行品牌定位的地方。

(4)确定品牌位置。

结合市场空白,同时考虑企业自身产品和现有资源、能力是否能达到和抢占该领域,即可确定品牌的定位。

图2-2中1、2、3、4号位置是市场空白点,是迎合消费者新需求并避开竞争对手

的可能的品牌定位点或再定位点。当然,在决定进入这些市场之前,还需要对这些市场进行研究,确定市场规模是否适合企业进入并获得足够的发展空间。如果市场太小,则企业不值得进入。

## 三、品牌定位的步骤

品牌定位是市场定位的核心,是市场定位的拓展和延伸,是实现市场定位的手段,因此,品牌定位的过程也就是市场定位的过程,其核心是STP,即细分市场(Segmenting)、选择目标市场(Targeting)和品牌定位(Positioning)。当然,一切营销决策的前提是充分的市场调研。

图2-3为品牌定位策划总流程。

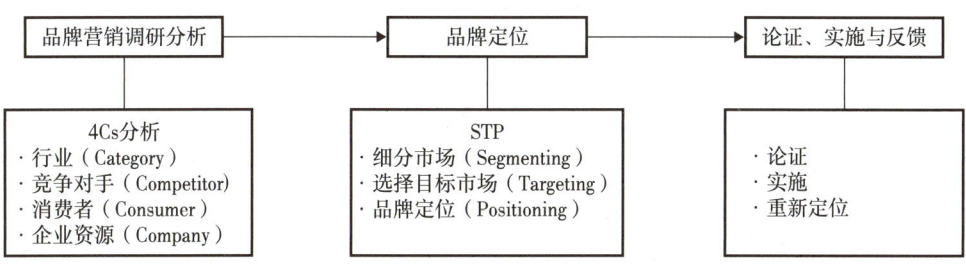

图2-3 品牌定位策划总流程

实际操作中,品牌定位可以细化为以下五个步骤。

### (一)品牌营销调研分析

开展品牌定位工作,首先应该进行科学合理的品牌营销调研分析,这是整个品牌定位工作最基础的部分,在很大程度上决定了后续品牌形象设计、品牌传播推广等工作是否能够达到企业的预期。只有通过品牌营销调研分析,掌握当前企业所处行业、产品所处品类的发展现状和趋势,充分了解竞争对手的品牌战略和具体策略,洞悉消费者的消费行为及其影响因素,梳理企业自身品牌的现有资源,才能为下一步的定位工作打好基础,避免出现严重的定位偏差。因此,这是品牌定位工作必不可少的一步。

品牌营销调研分析,一般涵盖以下几个方面。

1. 行业现状及发展趋势分析

在工业化的现代社会,各行各业都已经有企业涉足,而且如日用消费品行业、食品行业、服装鞋帽行业、家电行业等诸多行业,已经近乎呈现市场饱和状态。企业要想在现有行业态势中占据一席之地,就必须掌握行业发展现状,了解当前行业的总体局势,为品牌定位做好背景分析。此外,企业还应该注意到,由于数字化、信息化的迅猛发展,各行各业的技术迭代时间越来越短,产品更新换代的周期也日益缩减。因此,企业非常有必要对行业的发展趋势做出正确的判断,来保证品牌定位的前瞻性和包容性,适应未来发展的需要,避免出现只看眼前,不看未来,导致品牌定位过于短视,引起后期品牌定位的不断修改,从而给目标消费者带来混乱,不利于企业的品牌管理与建设。

行业现状及发展趋势的分析,可以从两个层面展开:一是企业所处行业的现状及趋势,二是产品所处品类的现状及趋势。当企业品类集中时,例如柳州本土的大部分螺蛳粉企业,目前只专注于螺蛳粉生产,为这类企业做品牌定位,考虑企业所处行业的现状与趋势即可。当企业的产品涉及多个不同品类时,例如飞利浦公司,其产品线非常丰富,从视听产品、个人护理、母婴护理、厨房及家居到照明、医疗健康都有深度的涉足,为这种涉及多品类的企业做品牌定位,要综合考虑各品类所处行业的状况和趋势。

行业分析的主要内容包括:

(1)行业概况。

行业概况包括行业发展的历史、文化背景、技术特征、工艺特征、品类结构及产品特征、市场规模和发展潜力等。

(2)行业竞争状况。

行业竞争状况包括行业竞争程度、市场上居于主要地位的品牌及各品牌所占据的市场份额、市场占有率、营销特征等。

(3)行业总体的消费态势。

行业总体的消费态势包括消费结构、消费水平、消费观念、消费趋势、消费潜力等。

(4)行业未来发展趋势。

行业未来发展趋势包括社会经济、产业政策等宏观营销环境因素的变化对行业的影响,市场规模、市场增长发展趋势,产业技术的进展、产品迭代的预期,竞争格局走势,消费心理和消费行为模式的变化趋势、新消费形态的影响,影响行业未来发展的有利因素和不利因素等。

了解行业现状及发展趋势最便捷的方法就是购买行业发展报告,其次可以从行业协会、各类数据网站中获得直观数据,也可深入企业开展走访调研、问卷调查、座谈访问等。

2.竞争者品牌分析

对竞争对手调研的主要目的是建立与竞争品牌有效的区隔,使品牌在消费者心目中树立一个区别于竞争者的有效的定位。

知己知彼,百战不殆。作为一个新品牌,首先要界定自己的品牌竞争者并进行比较分析,这是我们识别竞争特性、挖掘差异化和链接目标消费者心智空白点非常重要的一步,也是稳固企业在行业中的战略地位的主要途径。

(1)界定直接竞争者和潜在竞争者。

可以从竞争品牌的市场地位、目标市场、品牌战略、产品、定价以及分销渠道等方面,结合决策者的经验来判断企业当前和未来的竞争品牌。

(2)竞争品牌现状分析。

竞争品牌现状分析主要包括目标市场,品牌核心价值与品牌定位,产品、价格及用户体验,竞争品牌在消费者中的认知和形象,竞争品牌的传播策略等方面。

表2-1为竞争者品牌分析的重点内容。

表2-1 竞争者品牌分析的重点内容

| 维度 | 主要竞争者的现状 | 机会点 |
| --- | --- | --- |
| 品牌知名度 | | |
| 品牌主张 | | |
| 品牌形象 | | |
| 消费者印象 | | |

①品牌知名度。

品牌知名度,是品牌能够被消费者认识并记住的程度,它能够一定程度上反映市场占有率。

品牌知名度分三个层次:第一层是识别,指品牌被消费者认识,这是最浅的层次,却也是在购买环节起到门槛作用的一层;第二层是回想,指提及某类产品时,消费者能够回想起该品牌,表明品牌定位已经在消费者心智中留下了独特印象,这一层次可以影响消费者的购买行为;第三层是首要地位,指消费者在提及某类产品时,将本品牌排在第一位,或首先想到的是本品牌,这表明企业的品牌定位非常成功,具备非常强势的竞争力。

在对竞争者进行品牌分析时,要仔细甄别主要竞争者的品牌知名度达到哪个层次,我们可以根据其现状,找到那些市场空白点,以帮助我们在品牌定位时采取相应的对策。

②品牌主张。

品牌主张,是企业向消费者传达的核心认同和价值观,它不仅包括提供给消费者的利益或承诺,也包含企业对社会、对事物的态度和观点。例如,"好电器,格力造"是格力的主张,它向社会传达的信息是产品质量过硬,同时也是向社会的承诺,它能够提供最好的空调。掌握竞争者的品牌主张,可以在定位时避免雷同,也可以为超越其定位提供依据。

③品牌形象。

品牌形象,是消费者对品牌产生的一系列联想的组合。有观点认为品牌形象包含产品属性、消费者利益、品牌人格特征三块内容。有观点认为品牌形象包括内在品牌形象,即产品形象、文化形象;外在品牌形象,即品牌标志、品牌信誉、品牌认知和评价。因此,在分析竞争者的品牌形象时,可以从产品外形、包装、名称、标志、广告风格、拟人化的人格特性等方面着手。

④消费者印象。

消费者印象,指竞争者品牌通过传播推广,目前在消费者心智中所展现的形象组合,包括消费者对其产品性能、视觉审美、科技与质量、品牌风格、目标人群、购买倾向等方面的印象。

3. 消费者与消费行为分析

消费者是品牌定位的感知者,也是产品和服务的最终使用者。通过对消费者与消费行为的调研分析,界定现有消费者和潜在消费者的自然属性与社会属性,掌握他们的显性需求和隐性需求,了解他们的消费心理和行为特征,为企业发现新的市场机会、选择正确的品牌定位提供根本依据,也是企业提高营销成效和摆脱市场"肉搏"的有效途径。好的用户需求认知,依然是一切营销的根本。

这方面的调研分析主要包括主力消费市场、主力消费群体、主要购买动机,主要消费场景、消费偏好、购买渠道、产品认知渠道、媒体接触习惯、对同质产品的改进意见及服务要求等消费者基本状况和消费行为特征。消费者购买行为分析常用的是6W2H分析法,具体见表2-2。

表2-2 消费者购买行为6W2H分析法

| 分析维度 | 分析内容 |
| --- | --- |
| Who | 谁构成该市场?谁购买?谁参与购买?谁决定购买?谁使用所购产品?谁是购买的发起者?谁影响购买? |
| What | 购买什么产品或服务?顾客需要什么?顾客的需求和欲望是什么?对顾客最有价值的产品是什么?满足顾客购买愿望的效用是什么?顾客追求的核心利益是什么? |
| Which | 购买哪种产品?在多个厂家中购买哪个厂家的产品?在多个品牌中购买哪个品牌的产品?购买著名品牌还是非著名品牌的产品?在有多种替代品的产品中决定购买哪种? |
| Why | 为何购买?(购买目的是什么?)为何喜欢?为何讨厌?为何不购买或不愿意购买?为何买这不买那?为何选择本企业产品,而不选择竞争者产品?为何选择竞争者产品,而不选择本企业产品? |
| When | 何时购买?什么季节购买?何时需要?何时使用?曾经何时购买过?何时重复购买?何时换代购买?何时产生需求?何时需求发生变化? |

续表

| 分析维度 | 分析内容 |
| --- | --- |
| Where | 何地购买？在城市购买还是在农村购买？在超市购买还是在农贸市场购买？在大商场购买还是在小商店购买？在网站购买还是手机App购买？ |
| How | 如何购买？如何决定购买行为？以什么方式（现场选购、邮购、网上购买、电视购物等）购买？按什么程序购买？消费者对产品及其广告等有何反应？ |
| How much | 一定时期的购买数量是多少？一定时期的购买次数是多少？一定时期的购买频率是多少？人均购买量是多少？单场总购买量是多少？ |

除一般消费行为特征调研分析之外，品牌调研还要重点分析消费者个性特征、消费者情感表现、文化因素、参考群体等与品牌定位密切关联的内容。

与品牌定位相关的因素如表2-3所示。

表2-3 与品牌定位相关的因素

| 内容 | 表现 |
| --- | --- |
| 消费者个性特征 |  |
| 消费者情感表现 |  |
| 文化因素 |  |
| 参考群体 |  |

（1）消费者个性特征。

个性是导致个人对所处环境刺激做出反应的相对稳定的心理特征，而消费者总会不由自主地选择与其自身个性相接近的品牌。品牌个性与目标消费者的个性特征之间存在着直接联系，消费者的个性特征是品牌个性的直接表现形式。因此，可以对潜在消费群体的个性特征进行归类和总结，掌握他们的共性，为品牌定位与目标群体相契合，做好准备。

（2）消费者情感表现。

随着社会经济发展水平的提高，大部分购物行为正在从任务型购物转变为娱乐型购物，也更多地将购物行为视为一种愉悦身心的活动，较以往更加注重购物时获得的全方位体验。消费者在面对企业产品时，所可能产生的情感联想、情绪体验，都需要品牌策划人员去仔细辨析。

（3）文化因素。

不同地区的人们，受不同文化的长期熏陶和影响，会留下具有地域特征的文化印迹，这种印迹深深嵌入他们的记忆、思维、语言和行为习惯当中。例如：沿海地区商业氛围浓厚，当地人可能更偏向选择实力雄厚的企业产品；北京、西安、南京等城市文化氛围浓重,当地人可能更乐于接受有深厚文化底蕴的企业产品。文化因素深刻影响着当地人们的消费行为。掌握影响目标消费者的文化因素,能够使品牌的定位更快速地占据他们的心智,并与品牌定位产生独特的联想。

(4) 参考群体。

能够对消费者的消费行为和态度产生影响的群体,我们称之为参考群体。其中,那些能强烈、快速、直接影响消费者的参考群体,被称为意见领袖。影响人们对品牌评价的常见意见领袖包括行业专家、知名企业家、文体界公众人物、虚拟社交网络中的知名人士等。在品牌营销分析中,要了解潜在目标消费者的主要参考群体有哪些,可以为品牌定位及传播提供哪些依据。

4. 企业品牌资源分析

以上三方面的分析,都是针对企业外部环境。企业品牌资源分析,则是针对本企业进行的。通过以上分析,大致可以对外部环境存在哪些机会和空白有一定的判断,那么,企业凭借自身的现有资源和条件,能否抢占这些机会或空白呢?这就需要我们对企业当前的品牌资源条件展开分析。

企业品牌资源条件分析见表2-4。

表2-4　企业品牌资源条件分析

| 维度 | 现状 |
| --- | --- |
| 企业涵盖的产品线 | |
| 现有的品牌要素 | |
| 现有的品牌资产 | |
| 消费者的认知 | |
| 有助于品牌定位的其他要素 | |

(1) 企业涵盖的产品线。

要掌握目前企业已经涉及的产品和产品线有哪些,分别属于哪些品类,以及企业在中短期内是否会拓宽产品线,涉及新的领域。产品线的信息与我们选择哪一部分消费者作为目标人群紧密相关。

(2) 现有的品牌要素。

通常品牌策划人员在开展定位工作时,企业已经拥有了部分产品,相应地也已经在使用品牌名称、标志、包装、广告图片等。因此,需要将企业现在已经存在的这些品牌要素进行归类整理,看看哪些符合企业长远的品牌建设目标,能够延续使用,哪些需要进行重新策划。

(3) 现有的品牌资产。

品牌资产是赋予产品或服务的附加价值。它反映在消费者对有关品牌的想法、感受和行动的方式上，同样它也反映了品牌所带来的价格、市场份额以及盈利能力。作为一种无形资产，品牌资产能够使通过产品或服务所提供给消费者的价值增大或减小。了解企业现有的品牌资产，也能够为后续定位工作提供依据。

(4) 消费者的认知。

消费者对于企业现有产品的性能、外观、价格、服务等的看法，对企业以往向公众传达的品牌形象的感受，以及对企业作为一个社会参与者的整体印象，即消费者的认知。这一点对于后续寻找消费者心智空白点有重要意义。

(5) 有助于品牌定位的其他要素。

搜集一些可能对企业的品牌定位工作起到辅助作用的要素或条件，例如企业专利技术拥有数量大幅上升，企业投身慈善事业的力度较大，企业在某一领域的正面公共事件，产品在消费者印象中普遍存在但尚未被企业表达出来的隐性内容等，都可以先罗列出来。

5. 梳理总结

利用SWOT分析法，对以上市场、竞争者、消费者和企业自身四方面的分析进行梳理，从中找到当前品牌面临的问题、存在的机会以及品牌营销的优势和劣势，进而明确本企业品牌定位的目标方向。

SWOT即Strengths(优势)、Weaknesses(劣势)、Opportunities(机会)、Threats(威胁)的英文首字母缩写。SWOT分析法是将企业内部资源和外部环境条件有机结合起来分析的一种有效的分析方法。

优势是企业的内部因素，包括优良的企业文化、良好的品牌形象和美誉、雄厚的技术力量，以及产品质量、规模经济、成本优势、市场份额、营销攻势等。

劣势也是企业的内部因素，包括核心技术、管理水平、研发能力不高，资金状况不良，品牌力、产品力不足，以及营销能力不强等。

机会是企业的外部因素，包括有利的政策、持续的市场增长，以及新市场、新需求、新技术等。

威胁也是企业外部因素，包括竞争对手以及替代产品的进入、消费需求下降、消费者偏好改变、行业政策的变化、人口与环境的变化、突发事件等。

表2-5为某预包装螺蛳粉品牌的SWOT分析。

表 2-5　某预包装螺蛳粉品牌的SWOT分析

| 优势（Strengths）<br>·拥有关键生产技术，产品还原度高，产品力强。<br>·拥有通过ISO22000食品安全管理体系和欧盟BRCGS全球食品安全标准认证的生产线 | 劣势（Weaknesses）<br>·新创品牌，知名度和认知度低。<br>·生产成本偏高，不具有成本优势。<br>·企业管理效率低，执行力弱 |
|---|---|
| 机会（Opportunities）<br>·强劲的市场增长。<br>·地方政府的强力政策扶持。<br>·互联网的发展，助推预包装食品的扩张 | 威胁（Threats）<br>·越来越多的企业加入市场竞争，市场竞争激烈。<br>·传统米粉产品纷纷推出预包装产品，替代品众多。<br>·产品的特色有时候是市场扩张的障碍 |

## （二）确定目标市场，寻找心智特性

经过详细的品牌营销调研分析后，接下来一个重要的步骤是品牌策划人员从潜在目标人群中，为企业锁定为之服务的目标市场。因为不同的消费群体有着不一样的价值观、消费行为习惯和偏好，也会对同一个品牌产生完全不同的品牌联想和印象，所以如果不能锁定目标市场，就无法为企业制定出能够直击消费者心智，并被他们接受和认可的品牌定位。

首先，进行市场细分。所谓市场细分，是指企业根据消费者需求和购买行为的明显差异性，把某一产品或服务的整体市场细分为不同的子市场，每一个子市场具有相似的消费需求和消费行为，便于企业制定相应的营销策略，满足每一个子市场的消费需求。在现代市场条件下，消费者的需求是多样化的，而且人数众多，分布广泛，任何企业都不可能以自己有限的资源来满足市场上所有消费者的各种需求。通过市场细分，选择特定消费群体，提供自己具有优势的产品或服务，是现代市场营销的基本前提。

消费者市场可按照地理、人口、心理和行为等标准来进行细分。每个标准又有若干细分标准，如图2-4所示。

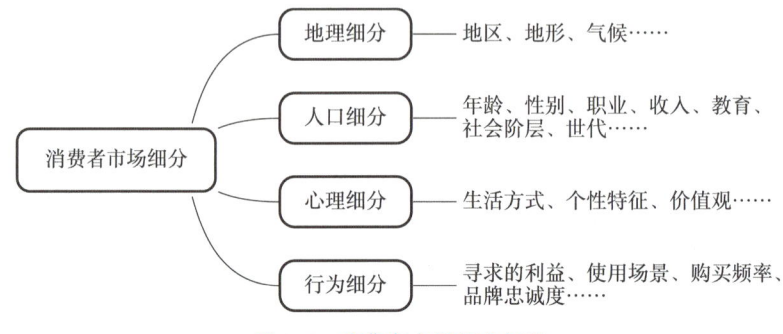

图 2-4　消费者市场细分标准

企业可以根据需要和市场实际情况选择一定的细分标准来细分市场,可以根据人口特征划分,例如可以按照年龄、性别、收入、行业、地区、国别等进行划分,也可以根据消费者的行为方式进行划分,还可以按照使用场景、使用频率、消费决策类型、品牌忠诚度、对产品追求的利益点、生活方式、价值观等进行划分。

当单独使用上述四个细分标准无法有效细分市场的时候,就需要综合使用四个标准来细分市场。图 2-5 中服装市场的细分标准就综合应用了地理、人口、行为和心理四个标准中的若干变量来进行细分。其中一个细分市场可以描述为购买服装主要是追求名牌、时尚,可以接受较高价格的城市、高收入、单身、青年女性群体。

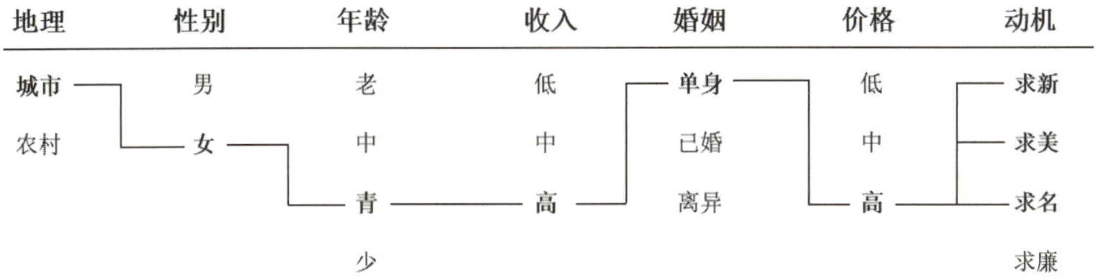

| 地理 | 性别 | 年龄 | 收入 | 婚姻 | 价格 | 动机 |
|------|------|------|------|------|------|------|
| 城市 | 男 | 老 | 低 | 单身 | 低 | 求新 |
| 农村 | 女 | 中 | 中 | 已婚 | 中 | 求美 |
|  |  | 青 | 高 | 离异 | 高 | 求名 |
|  |  | 少 |  |  |  | 求廉 |

**图 2-5　服装市场的细分标准**

其次,对细分市场进行评估,并确定目标市场。评估细分市场主要考虑三个方面的因素:细分市场的规模、细分市场的竞争程度、企业的资源条件。

通过评估,企业会发现一个或几个有效且可以进入的细分市场,这也就是企业可以选择的目标市场。一般而言,理想的目标市场应符合以下三个条件:

(1)拥有较理想的现实需求和潜在需求;

(2)企业优势符合市场的特征;

(3)竞争对手尚未控制市场,市场竞争还不激烈。

在品牌初创期,企业应着重面向核心消费者群体,即那些对产品有实际需求,也有消费能力,同时与企业愿景、价值观、资源条件、竞争优势相符合的细分市场。

最后,对目标市场的心智特征、消费行为进行深度挖掘,从人口特征、个性特征、行为习惯、购买行为、使用场景、对待产品的心态和期待等多个方面去探索他们的心智特征,找出他们最主要的特征点。

在"互联网+大数据"时代,对目标市场的分析,可以借助目标用户画像来进行精准描述,如图 2-6 所示。

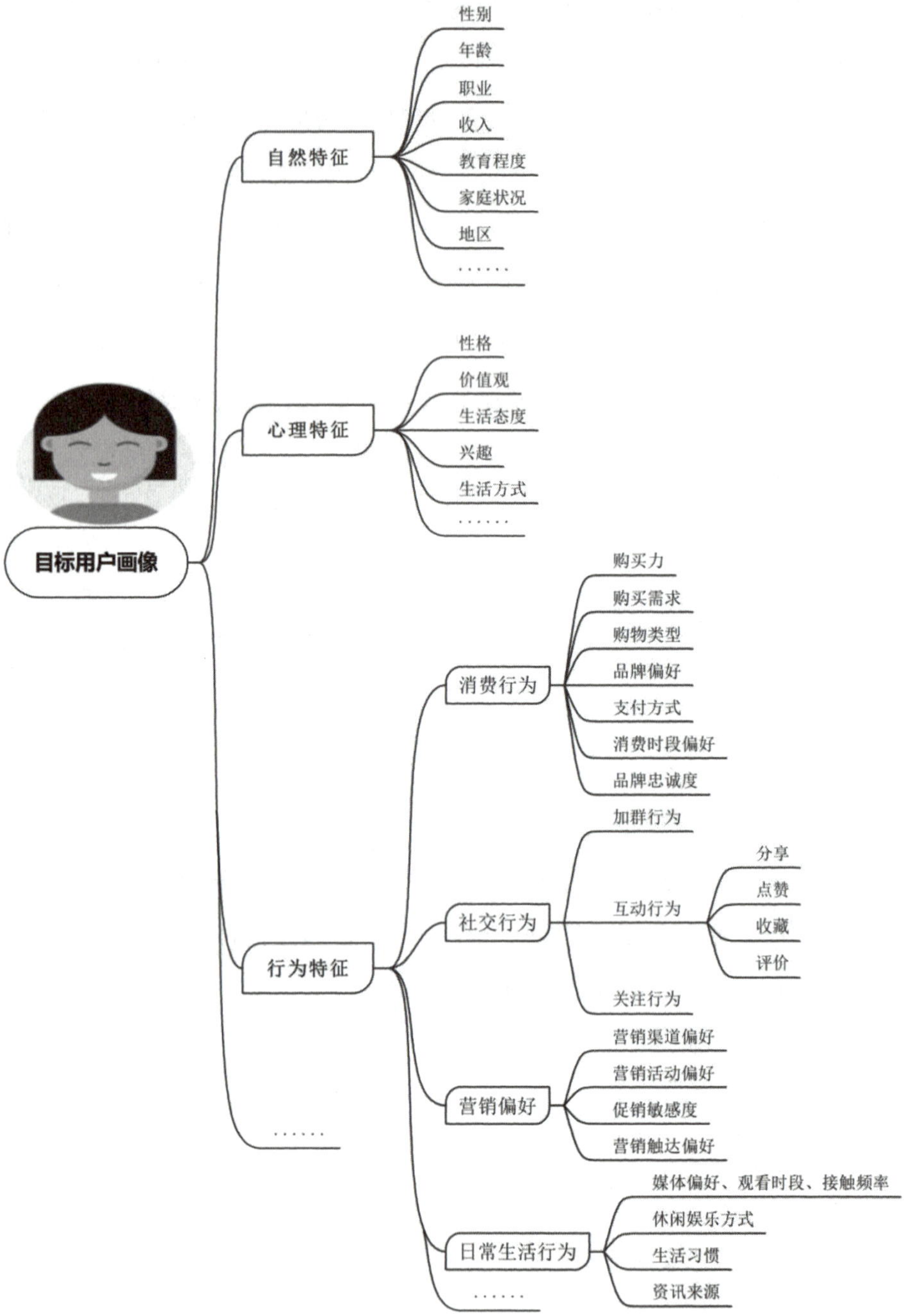

图 2-6 目标用户画像

随着大数据技术的发展，企业应用大数据技术对海量的用户及其行为数据进行挖掘、整理和分析，从自然特征（年龄、性别、职业、收入、家庭状况等）、心理特征（性格、价值观、生活态度、兴趣、生活方式等）、行为特征（消费行为、社交行为、营销偏好、日常生活行为等）等维度对目标用户形态进行精准描绘，这就是目标用户画像。其实质是使用标签来量化用户特征属性。

使用一些用户画像分析工具可以帮助企业快速描绘出目标用户画像,如百度指数、腾讯指数、360指数、微博指数等工具,只需输入关键词,即可获得与该关键词对应的用户年龄、性别、区域和兴趣等信息。

### (三)挖掘品牌差异点,形成独特联系

品牌差异点(Points of Difference,POD)是消费者强烈联想到的品牌属性或利益,并给予正面评价,同时相信竞争品牌无法达到相同的程度。一般而言,这个差异点就是强调品牌能带来的独特利益(Benefit),例如两面针牙膏的差异点就是中药护龈。

品牌定位要强调品牌的差异点。我国著名营销专家叶茂中曾说过:营销思维和竞争对手反着走,不是试图做得比竞争对手好,而是要区别于对手。因此,我们在品牌定位的第三步中,要深入挖掘企业品牌与竞争品牌的差异点,看看这些差异点是否能与目标消费者的心智特点进行链接,能否与消费需求相匹配,能否解决消费者的消费痛点。然后,对那些能够与消费者心智进行链接的差异点,进行整理和重组,大致构思出企业的品牌定位。

### (四)反复论证修改,完成品牌定位

经过品牌营销调研、确定目标市场及其心智特性、挖掘品牌与消费者心智的联系三个步骤之后,品牌策划人员就可以对企业的品牌定位有非常清晰的构想,将这些构想用文字描述出来,在组内论证修改,再提交上一级讨论,反复多次之后,才能形成一个准确的品牌定位,完成品牌定位的全部流程。

品牌定位的论证,主要分析以下三个方面的问题。

(1)定位与消费者的相关性。

品牌定位与消费者需求是否直接相关?定位是否存在消费需求缺失?如果品牌定位和消费需求是两条平行线,没有交叉点,那么这个定位就是无效的。品牌定位必须与消费需求相匹配,这是品牌定位成功的核心关键点。

(2)定位的竞争差异性。

相对于主要竞争对手的品牌定位是否有明显的差异性?某种意义上说,定位就是差异化的工具,其核心思想就是在消费者心智中塑造与竞争者不一样的品牌个性形象,进而占据有利位置,形成品牌竞争优势。

(3)定位的可行性。

企业的资源条件能否支持品牌定位?如果定位与自身资源不相匹配,企业没有充分的资源来支持定位的实现,那么这个定位其实是没有任何现实意义的。

### （五）品牌重新定位

品牌定位的准确与否最终要看其市场营销效果。市场营销效果是检验品牌定位成功与否的唯一标准。

在品牌定位战略实施一个时期（往往两年之内）后，如果市场效果不理想，达不到预期的市场营销目标，则需要从品牌定位开始检讨企业的营销战略和策略；如果是品牌定位有误，则需要对品牌进行重新定位，并开始一个新的品牌定位策划流程。

## 项目二　自学自测

**问答题**

1. 简述品牌定位的内涵。
2. 简述品牌定位的目的。
3. 请描述如何运用品牌定位3C方法进行定位。

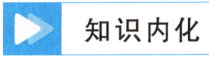

## 实训　品牌调研与定位：为螺蛳粉企业进行品牌定位

### 任务1　螺蛳粉品牌营销调研分析

以品牌策划小组为团队，结合项目二中品牌定位的相关知识，选择一家市场上真实的螺蛳粉企业为任务对象，对该企业展开品牌定位的第一步——品牌营销调研分析。要求按照相关知识点，从行业现状及发展趋势分析、竞争者品牌分析、消费者与消费行为分析、企业品牌资源分析四个方面认真细致地搜集信息、整理信息并进行分析，最后运用SWOT方法给出品牌营销调研的结论，为下一任务的品牌定位奠定基础。请将调研内容和结论做成PPT，进行汇报展示。

**螺蛳粉品牌营销调研**

| | | 现状 | | 趋势 | |
|---|---|---|---|---|---|
| 行业现状及发展趋势分析 | | | | | |
| 竞争者品牌分析 | | 品牌知名度 | 品牌主张 | 品牌形象 | 消费者印象 |
| | 竞品A | | | | |
| | 竞品B | | | | |
| | 竞品C | | | | |
| | …… | | | | |
| 消费者与消费行为分析 | | 内容 | | 表现 | |
| | 潜在目标消费者 | | | | |
| | 消费者个性特征 | | | | |
| | 消费者情感表现 | | | | |
| | 文化因素 | | | | |
| | 参考群体 | | | | |
| 企业品牌资源分析 | | 维度 | | 现状 | |
| | 企业涵盖的产品线 | | | | |

续表

| 企业品牌资源分析 | 现有的品牌要素 | |
| --- | --- | --- |
| | 现有的品牌资产 | |
| | 消费者的认知 | |
| | 有助于品牌定位的其他要素 | |

### 任务2 螺蛳粉企业品牌定位策划

各品牌策划小组以任务1中选定的螺蛳粉企业为对象,在任务1调研结论的基础上,为该企业开展品牌定位策划工作。要求如下:

(1)按照项目二中品牌定位的步骤顺序完成此任务;

(2)根据企业实际情况和市场表现,选择相应的品牌定位策略,并充分说明选择该策略的理由;

(3)选择一个品牌定位的工具,辅助团队完成品牌的定位;

(4)总结和反思任务进行过程中的不足和值得改进的地方;

(5)要求将品牌定位策划的过程以PPT的形式展示汇报。

## 实训项目评价

1.任务完成评价

针对团队考核。任务完成情况评价满分为100分。其中,作品文案为85分,提案为15分。教师评价占比为40%,企业评价占比为40%,学生互评为20%。

**任务完成评价表**

| | 评价指标 | 分值 | 企业评价 | 教师评价 | 学生互评 | 得分 |
| --- | --- | --- | --- | --- | --- | --- |
| 作品文案 | 品牌营销调研的全面性和准确性 | 20 | | | | |
| | 品牌定位方法的合理性 | 20 | | | | |
| | 品牌定位的科学性 | 20 | | | | |
| | 品牌定位的创意性 | 25 | | | | |

续表

| | 评价指标 | 分值 | 企业评价 | 教师评价 | 学生互评 | 得分 |
|---|---|---|---|---|---|---|
| 提案 | PPT设计 | 5 | | | | |
| | 语言表达 | 5 | | | | |
| | 形象 | 3 | | | | |
| | 团队配合 | 2 | | | | |
| 总评分 | | 100 | | | | |

2. 个人表现评价

对个人在完成工作任务过程中的表现进行评价。按五个等级划分：90—100分为优秀，80—89分为良好，70—79分为中等，60—69分为合格，0—59分为不合格。评价分为团队评价与学生自评。

**个人表现评价表**

姓名_____ 学号_____ 团队_____ 团队负责人_____

| 评价项目 | 考核要点 | 团队评价（70分） | 个人自评（30分） | 占总评分比例/（%） | 得分 |
|---|---|---|---|---|---|
| 任务完成情况 | 按时按质完成团队分配的任务 | | | 40 | |
| 工作态度和责任心 | 工作积极主动，富有责任心 | | | 15 | |
| 团队合作精神和协作能力 | 能良好表达自己的观点，善于倾听他人的观点 | | | 15 | |
| 独立思考和创新能力 | 能提出新的想法、建议和策略 | | | 15 | |
| 信息素养和学习能力 | 善于搜集并借鉴有用资讯和好的思路和想法 | | | 15 | |
| 总评分 | | | | | |

## 项目学习小结

1.通过本项目的学习,你是否掌握了品牌定位的目的、步骤和策略?请画出思维导图。

2.对于当前螺蛳粉市场的品牌定位,你有哪些看法?

3.在完成本项目学习和实训的过程中,你学会了哪些分析和解决问题的方法?

 巩固提升

/ 实战案例 /

## 摩士厨品牌定位
——上海行舟品牌咨询公司为厨房锅具品牌进行品牌定位

一、品牌营销调研分析

(一)行业现状与趋势

从厨具消费层面来看,从2015年至今,受中国新中产的崛起,供给侧结构性改革及数字化的影响,中国消费品牌正迎来大爆发时期,大量本土品牌迎来发展机遇。

具体到厨房层面,市场也发生了明显的变化:一是饮食理念,从"吃得好"向"吃得健康"转变;二是厨房功能,从传统的"做饭在厨房"向"生活在厨房"转变;三是中国家电消费正不断从过往的"客厅经济"向"厨房经济"转型。

(二)消费者需求

对人群画像及厨具需求进行了基本的分析,结论如下:

1.主要消费人群

不粘锅使用人群主要以华东及华南地区为主,年龄为20—40岁,性别更偏向女性。

2.消费者需求表现

(1)品牌需求:更青睐于中国本土品牌。

(2)家居厨房需求:品质化、健康化、品牌化、便捷化。

(3)不粘锅产品层面需求:材质、工艺、设计、技术优势。

3.消费者需求点

对消费者需求进行整理,按照"汇总—细分—归纳—提炼"的思路,将20多条细分需求汇总为九大层面的需求,再进一步将这九大层面的需求归纳为专业实力、使用价值、生活价值三个类别,最终经过分析,我们提炼出"专业",是消费者对品牌和产品价值的核心需求。

(三)市场竞品

选择厨具市场上的八个主要竞品,包括老牌品牌与后起之秀,它们分别是苏泊尔、爱仕达、三禾、康巴赫、德玛克、卡罗特、卡特马克、悦味,对这些主要竞品展开八个维度的调研分析,这八个维度分别为企业基本信息、企业文化、品牌定位、品牌优势、产品优势、销售渠道、视觉感知、传播途径。

### 调研分析表

| 品牌名称 | 定位方式 | 品牌定位 | 口号 |
|---|---|---|---|
| 苏泊尔 | 专业实力定位 | 中国厨具、小家电行业领跑者 | 有家就有苏泊尔 |
| 爱仕达 | 利益定位 | 健康 | 品味生活 品味爱 |
| 三禾 | 档次定位 | 中高端厨房用品 | 三禾科技 更懂中国味 |
| 康巴赫 | 功能定位 | 涂层不脱落 | 怕涂层容易脱落 用康巴赫蜂窝锅 |
| 德玛克 | 利益定位 | 健康 | 用健康厨具，赋能健康生活 |
| 卡罗特 | 利益定位 | 高性价比 | Enjoy The Cooking |
| 卡特马克 | 利益定位 | 健康 | 我的厨房新生活 |
| 悦味 | 利益定位 | 满足东方烹饪习惯的高品质厨具 | 只为更好烹饪体验 |

由竞品分析得出，当前市场上厨具品牌的定位以利益定位为主，少部分采取了档次定位、功能定位的方式；不粘锅行业整体偏向理性消费的行为；整体的广告口号与品牌定位贴合度并不高，代表竞品中的一部分未进行完善的品牌建设，这意味着魔士厨有着较大的市场机会。

(四)企业品牌优势

企业品牌优势分为企业优势、产品优势两部分具体分析。

从企业优势来看，突出表现为企业出口实力雄厚，诸多代表企业实力的数据，如18年专注不粘锅行业，出口71国、数量大、销售额高，具备三项行业质量认证。

从产品优势来看，品牌拥有三大产品系列，分别为麦饭石系列、黑耀系列、鎏金系列，它们在设计优势、工艺优势、材质优势、使用优势四个层面各具特色。

### 产品优势分析

| 产品优势 | 麦饭石系列 | 黑耀系列 | 鎏金系列 |
|---|---|---|---|
| 设计优势 | 无 | 无 | 轻奢高级感 |
| 工艺优势 | 无铆钉工艺 | 健康控油烟 | 水滴纹工艺/特色制造工艺 |
| 材质优势 | 不锈钢复合底/华福涂层/加厚锅身 | 加厚锅身/不含PFOA | 抗菌涂层 |
| 使用优势 | 不挑炉灶/仿木纹胶木手柄 | 不粘、易清洗/不挑炉灶/受热均匀/少油少烟 | 吸油脂、少油烟/耐磨不粘 |

通过归纳总结,我们发现企业品牌存在五大机会点,分别为炒菜不粘、清洗简单、便捷烹饪、企业历史、出口71国。其中,前四点由于自身缺乏支撑性、难以识记、差异化不明显等原因,无法成为品牌定位的优先选项;而出口71国作为专业实力的重要支撑,既满足了消费者对专业的需求,又体现了品牌的差异化。

(五)品牌营销调研总结

1.厨具理念

更重视品质化、健康化、品牌化、便捷化,本土品牌受青睐。

2.消费者需求

主要需求集中表现为"专业"。

3.主要竞争者表现

品牌定位以利益定位为主,缺乏整体、完善的品牌建设。

4.企业品牌优势

出口实力强大。

二、运用品牌定位3C框架为摩士厨开展品牌定位

在以上深入的品牌营销调研分析基础上,运用3C叠加策略,根据企业属性、企业业务、需求因素、行业经验判断四大维度,最终为企业确定了专业实力的品牌定位方向。由此,可得出以市场共同核心需求——专业实力为导向,来进行品牌定位,形成企业自身基于专业的差异化品牌定位。

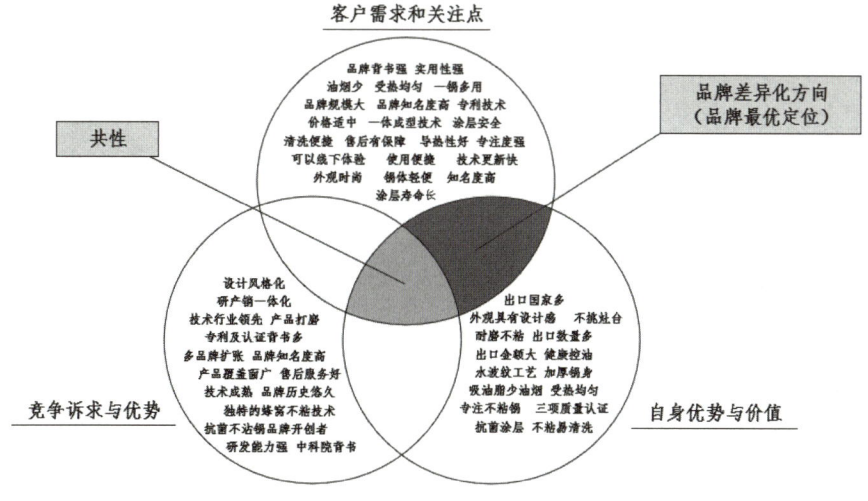

品牌定位3C图

(资料来源:上海行舟品牌咨询公司。)

## 思考题

1. 你认为案例中的品牌营销调研,有哪些内容没有考虑到,应该如何完善?

2. 对于案例中采用品牌定位3C分析法得出的"专业"品牌定位,你有什么不同意见或者更好的建议?

项目三　品牌形象和识别设计

## 教学目标

● **知识目标**

1. 理解品牌形象的内涵和构成要素。
2. 了解品牌形象塑造策略及度量品牌形象力的四个指标。
3. 理解品牌人格化的内涵和策略。
4. 理解品牌识别的含义。
5. 了解CIS的内涵与构成要素。
6. 了解品牌VI系统的内涵、构成要素及作业流程。

● **能力目标**

1. 能运用品牌人格化策略进行品牌人格化设计，塑造品牌个性形象。
2. 能对品牌VIS现状进行检视分析，并根据存在的问题，提出有针对性的改进建议。
3. 能根据品牌形象定位，开展品牌名称、品牌标志等品牌形象识别元素的创意策划工作。

● **素养目标**

1. 具有团队合作精神和能力，具备良好的沟通能力，能够协作完成团队工作任务。
2. 具有创新意识和能力，能够运用正确的方法获取信息和利用信息以及掌握新知识、新技能，有创意地完成项目任务。
3. 培养良好的思维习惯，善于从专业角度，来思考和解析品牌形象和识别设计。
4. 提升工作主动性、责任感、法律意识、服务意识。
5. 具有健康的审美情趣和高品位的审美素养，设计品牌形象时具有表达美的能力。
6. 增强文化自信，善于从优秀传统文化中吸取优秀元素助力品牌形象建设。

## 思维导图

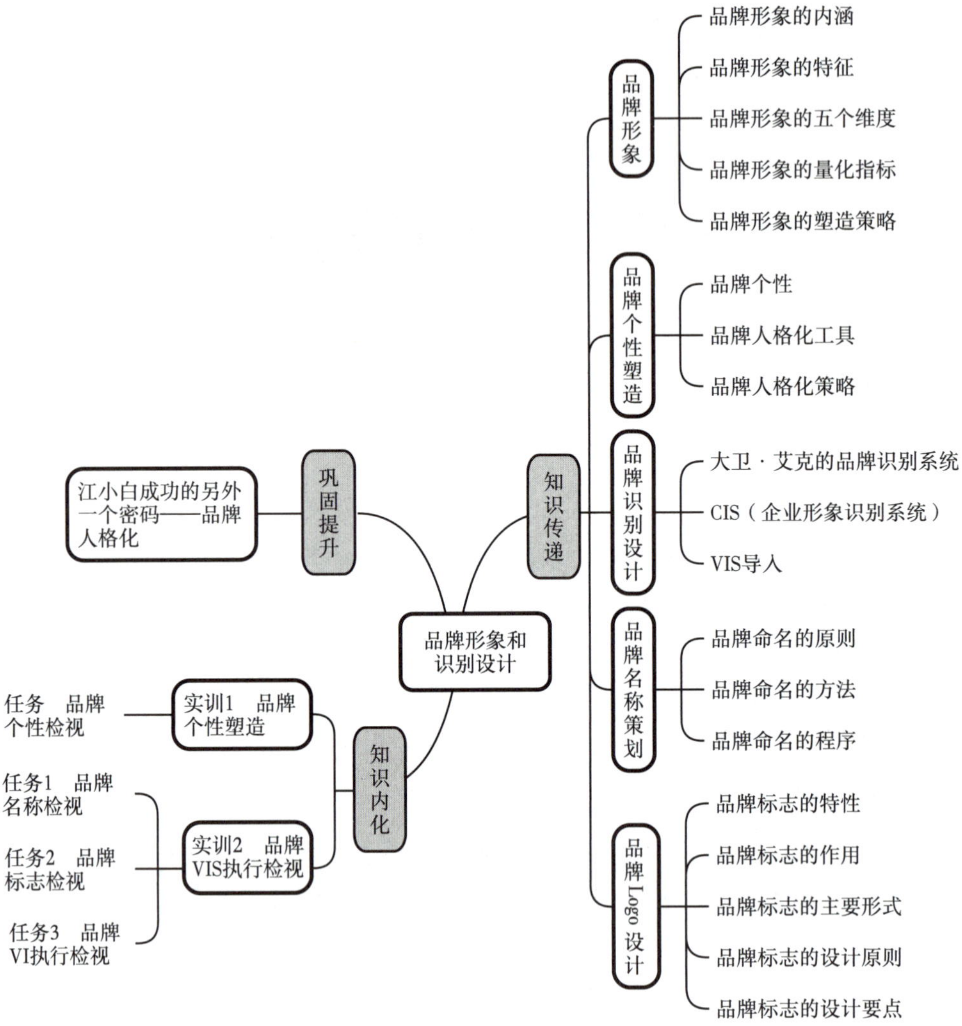

```
                                            ┌─ 品牌形象的内涵
                                            ├─ 品牌形象的特征
                                    品牌形象 ─┼─ 品牌形象的五个维度
                                            ├─ 品牌形象的量化指标
                                            └─ 品牌形象的塑造策略

                                            ┌─ 品牌个性
                                 品牌个性塑造─┼─ 品牌人格化工具
                                            └─ 品牌人格化策略

            江小白成功的另外 ─ 巩固           ┌─ 大卫·艾克的品牌识别系统
            一个密码——品牌     提升  知识    品牌识别设计 ─┼─ CIS（企业形象识别系统）
            人格化                   传递           └─ VIS导入

                        品牌形象和              ┌─ 品牌命名的原则
                        识别设计    品牌名称策划─┼─ 品牌命名的方法
                                              └─ 品牌命名的程序
    任务  品牌    实训1 品牌
    个性检视      个性塑造    知识                ┌─ 品牌标志的特性
                           内化                ├─ 品牌标志的作用
    任务1 品牌                      品牌Logo设计─┼─ 品牌标志的主要形式
    名称检视                                    ├─ 品牌标志的设计原则
                  实训2 品牌                    └─ 品牌标志的设计要点
    任务2 品牌    VIS执行检视
    标志检视

    任务3 品牌
    VI执行检视
```

▶ 知识传递

## 一、品牌形象

### （一）品牌形象的内涵

品牌形象是消费者对某一品牌的综合感知和态度,是消费者在与该品牌长期接触的过程中产生的对品牌的心理认知和主观评价,并通过消费者的品牌联想得以强化。

在品牌创立和建设过程中,企业围绕品牌而开展的一切营销活动,都会不同程度地使消费者出于各自的诉求、知识和感受力,产生一系列独特的联想和情绪反应,这些联想和情绪反应以某种有意义的方式组织在一起就形成品牌形象。

品牌形象是一个形象系统,包括品牌的外观形象、品牌的功能形象、品牌的情感形象、品牌的文化形象、品牌的社会形象、品牌的心理形象。

### (二)品牌形象的特征

1. 主观性

品牌形象是品牌识别在人脑中的主观印象,是消费者对品牌的主观感知、理解和联想的总和,具有消费者个人强烈的主观性。消费者对品牌的认知和评价,取决于个人的认知水平、生活阅历、兴趣爱好、生活方式和个性特征,因此,同一品牌在不同的人脑中会产生不同的品牌形象。

2. 客观性

品牌形象的存在有一定的客观基础。构成品牌识别的诸多要素如产品的功能属性、质量、服务质量、技术水平、公关活动、广告风格等都是客观的,所以说品牌形象具有一定的客观性,但这个客观性是相对的和有限的。

3. 稳定性

品牌形象在一定的发展时期,具有相对稳定性,品牌形象一旦在消费者心中形成,短时间内就不会轻易改变。

4. 发展性

品牌形象不是一成不变的,随着社会文化、经济、技术等环境条件以及企业经营状况、消费者需求等各方面因素的变化,品牌形象也会在一定程度上发生相应的变化。

5. 传播性

品牌形象的树立,必须借助各种传播活动和传播媒介来实现。离开了有效的、广泛的传播,企业对树立品牌形象的过程就会失去引导和控制。

6. 脆弱性

品牌的脆弱性表现在受内外部因素影响大,一些重大事件、危机事件,甚至消费行为、市场竞争环境变化等事项,都可能直接或间接影响品牌形象。

### (三)品牌形象的五个维度

1. 品牌认知

品牌认知是构成品牌形象的第一步,指人们对品牌名称、标志、符号等方面的认知状态。

2. 产品属性认知

产品属性认知是构成品牌形象价值的基础。产品的属性是指产品或事物自然具有的构成质与量的元素,它包括产品质量、产品特征、产品风格三个方面,具体可以从原料、质量、性能、用途、技术、工艺、专利、价格、设计等多方面来认知。

3.品牌联想

品牌联想是指消费者透过一个品牌所联想到的与品牌相关联的一切信息、想法,是顾客做出购物决策和形成品牌忠诚度的重要基础。在塑造品牌形象时,应透过各种不同的品牌接触点,竭尽所能地为品牌建立并累积正面的品牌联想,进而在消费者心中形成积极的、正面的、持久性的品牌形象。

4.品牌价值

品牌消费之后的判断是肯定或否定,都可归纳为消费者对品牌的价值评判,即品牌价值。

5.品牌忠诚

消费者对品牌产生感情、形成偏好并长期重复购买或向他人推荐购买的行为。企业建立品牌形象的最终目的是促进消费者的购买行为,通常品牌形象都带有浓重的主观色彩,人们的购买行为主要就体现在品牌忠诚上,包括购买习惯、向他人推荐等。

图 3-1 显示了品牌形象五个维度的关系。在品牌形象的五个维度中,品牌忠诚是核心。可以说,建立品牌忠诚是品牌营销追求的终极目标。

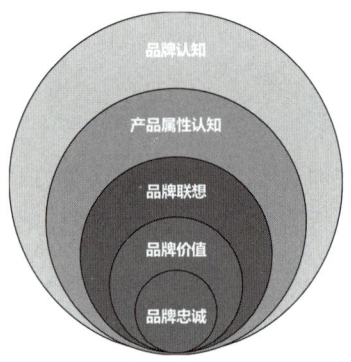

图 3-1　品牌形象五个维度关系图

### (四)品牌形象的量化指标

品牌形象可以用量化的方法来考察。常用来度量品牌形象力的有品牌知名度、品牌认知度、品牌美誉度和品牌忠诚度等四个指标。

1.品牌知名度

品牌知名度是指品牌被公众知晓的程度,反映的是品牌认知的广度。

如图 3-2 所示,品牌知名度分为四个明显不同的层次。

最低层次是无知名度。消费者对该品牌一无所知,即使在经过提示后,消费者仍然觉得没有听说过此品牌。

第二层次是品牌识别,即提示知名度。这是根据提供帮助的记忆测试确定。消费者经过提示或某种暗示后——例如提示该品类里面的系列品牌,能够说出自己听说过的品牌。品牌识别是品牌知名度的最低水平,但是在购买者选购品牌时确实至关重要的。

第三层次是品牌回想,即未提示知名度。给定某类产品,不给任何提示消费者能回想起品牌。消费者回忆起的品牌可能不止一个,会有好几个。

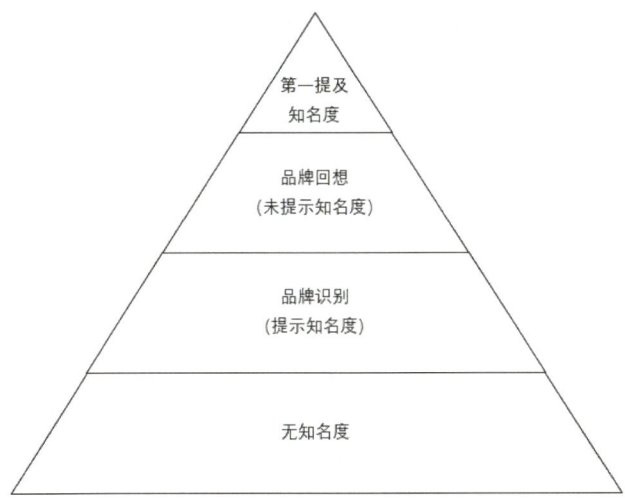

图 3-2　品牌知名度层次

最高层次是第一提及知名度,是指消费者在没有任何提示的情况下,所想到或说出的某类产品的第一个品牌。未提供帮助时能想到的第一个品牌名称已经达到了铭记在心的程度,该品牌在人们心目中的地位高于其他品牌,往往是消费者指定的购买品牌。

品牌知名度可以通过市场调查的方法进行测度,如:

Q1:请问提到柳州螺蛳粉这种产品时,您会想到哪个牌子呢?

A1:"好欢螺"(说明:铭记在心的第一提及品牌)。

Q2:还有呢?

A2:"佳味螺"(说明:第二提及品牌),"螺霸王",还有"匠子螺"(说明:其他提示前提及品牌,未提示知名度)。

Q3:(列出系列柳州螺蛳粉品牌),请您看一下,这些品牌中您还听说过哪些?

A3:听说过"喜螺会"(说明:提示后提及品牌,提示知名度),"咔柒喵"和"三个友仔"从来没有听说(说明:提示后未提及品牌,无知名度)。

考察知名度有三个不同的角度,即公众知名度、行业知名度、目标受众知名度。所谓品牌的公众知名度,是指品牌在整个社会公众中的知晓率。
所谓行业知名度是品牌在相关行业的知晓率或影响力。
所谓目标受众知名度是指品牌在目标顾客中的影响力。

2. 品牌认知度

品牌认知度指消费者对品牌内涵及价值的认识和理解的程度,也可以理解为是消费者对品牌整体优越性的评估。较高的品牌认知度意味着消费者对品牌产品功能属性、品牌特征、品牌文化、消费者使用利益、情感利益等品牌内涵和个性方面有较深的体验和认知,反映的是消费者对品牌认知的深度。

图 3-3 为品牌认知的要素。

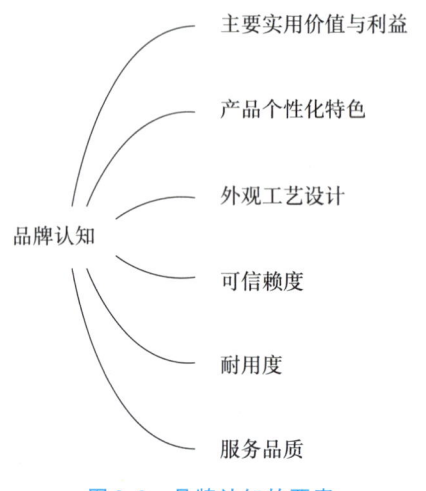

图 3-3　品牌认知的要素

**3. 品牌美誉度**

品牌美誉度是指品牌获得消费者信任、好感、接纳和支持的程度,反映的是品牌在消费者心目中的价值水平,是消费者对品牌评价好的程度,代表了品牌在人们心中的印象和信任感。品牌美誉度通常通过"口碑效应"来传播,从而被越来越多的人认可和称赞。

对美誉度的考察也可从公众美誉度、行业美誉度、目标受众美誉度等三个方面来研究。

**4. 品牌忠诚度**

品牌忠诚度是衡量品牌忠诚的指标,由消费者长期反复地购买使用品牌,并对品牌产生一定的信任、承诺、情感维系,乃至情感依赖而形成。品牌忠诚度是品牌资产的核心,某种程度上也是品牌营销的终极目标。根据大卫·艾克的品牌忠诚度金字塔,它有五个层次,如图 3-4 所示。

第一层次,无品牌忠诚者。这一层消费者没有品牌消费意识,往往容易在广告宣传和促销活动的诱导下不断更换品牌,对品牌没有认同,对价格非常敏感,所以也称之为价格敏感者。

第二层次,习惯购买者。这一层消费者忠于某一品牌或某几种品牌,有固定的消费习惯和偏好,购买时心中有数、目标明确。但品牌消费意识还是比较弱,大多对品牌持若无若有的态度,在惯性状态下,若无外来诱因,往往会遵循习惯重复购买某个或某几个品牌。但如果竞争者通过价格优惠、广告攻势、销售促进等方式刺激消费者购买,他们就会进行品牌转换购买其他品牌。

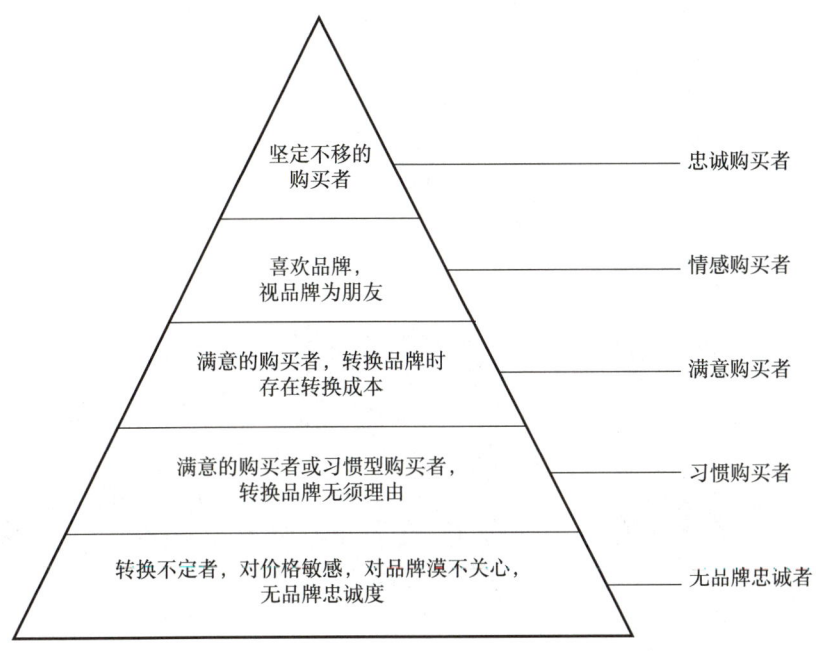

图 3-4 大卫·艾克的品牌忠诚度金字塔

第三层次,满意购买者。这一层的消费者不仅对原来消费的品牌已经相当满意,而且已经产生了品牌转换成本,也就是说购买新的品牌,会有性能、效益、服务等方面的风险,因此较少转换品牌。如果竞争品牌采取措施降低这个转换成本并提供足够的利益,则有可能吸引该部分消费者转换竞争者的品牌。

第四层次,情感购买者。这一层的消费者基于长期使用经验和比较好的品牌体验,对品牌已经有了一种情感,视品牌为朋友,产生了明显的品牌偏好和依恋心理,不会轻易转换品牌,甚至当品牌出现一些失误时,也能保持一种宽容的态度,以朋友之心去理解。

第五层次,忠诚购买者。这一层是品牌忠诚的最高境界,消费者不仅对品牌产生情感,甚至引以为骄傲、自豪。对于这一层次的消费者,品牌的功能利益已经退居第二位,而自我观念、品位取向、地位象征和炫耀性需求则上升到首要位置。他们对品牌信心十足,他们会向其他人推荐该品牌。

### (五)品牌形象的塑造策略

我们可以从很多方面进行品牌的形象塑造,常用的形象塑造策略有以下四个方面。

1. 情感导入策略

将人们的爱国情怀、亲情、爱情、友情、关爱、怀念、怀旧等情感融入品牌,使品牌不再是没有生命温度的符号,品牌拥有了充满了人间温情、温度的形象,以情动人、以情感人,引发消费者与品牌产生情感共鸣,建立与品牌长久的情感联系,增强品牌的美誉度和忠诚度。

 知行合一

宅小雅螺蛳粉:"懂你,更宠你",塑造了一个关心关爱白领女性的品牌形象,超越了产品的物质价值,赋予了品牌情感化的形象。

南方黑芝麻糊:"一股浓香,一缕温暖",一碗南方黑芝麻糊盛满了人间关爱,使品牌充满了温情和温暖。

宅小雅螺蛳粉广告海报

南方黑芝麻糊广告海报

2.专业权威策略

专业权威形象策略可以突出企业的品牌在某一领域的专业领先地位,增强品牌权威性,提高其信赖度。

 知行合一

两面针在品牌传播中,应用了大量专业权威性元素,如全国牙防组认证、全国博士后科研工作站研制等,塑造了一个中药牙膏领域资深专家的品牌形象,提升了品牌的权威性和可信度,扩大了品牌的影响力。

3.心理定位策略

著名市场营销专家科特勒提出,人的消费行为变化可分为三个阶段,第一个阶段是量的消费,第二个阶段是质的消费,第三个阶段是感性的消费。到了第三个阶段,消费者所追求的是产品与自己的密切程度,或只是为了得到情感上的一种满足,或是追求商品与理想自我的吻合。因此,企业应顺应消费者消费心理的变化,以恰当的心理定位唤起消费者心灵的共鸣,树立独特的品牌形象。

 知行合一

宝马汽车:"赋予驾驶的愉悦",强调的是感性和浪漫的色彩,由此赢得了众多年轻消费者的喜爱。

奔驰汽车："高贵、王者、显赫、至尊"，则注重理性和实用，因此备受成熟稳重的人士青睐。

4. 文化导入策略

品牌文化是在企业、产品历史传统基础上形成的品牌形象、品牌特色以及品牌所体现的企业文化及经营哲学的综合体。品牌需要文化，有了文化，品牌的内涵才是丰富的和有底蕴的。品牌文化是企业文化的核心，品牌文化可以提升品牌形象，为品牌带来高附加值。如果企业想要打造国际品牌，背后就需要有根源于本国深厚历史文化的积淀。每一个品牌都应当着眼于塑造差异性的品牌文化，以文化动人。

**知行合一**

李子柒品牌螺蛳粉推出没多久即成为淘宝网销售榜首，作为螺蛳粉品牌后来者却一夜之间超越了很多知名老品牌，李子柒品牌的魅力可见一斑。李子柒品牌崛起的基础是她的系列古风美食短视频，视频题材来源于中国乡村古朴的传统生活，以中华民族美食文化为主线，围绕衣食住行展开，从缫丝、竹编、酿酒、造纸、蜀绣到制墨，从桃花酒、琵琶酥、文房四宝到螺蛳粉，一位清秀恬静的姑娘，耐心地用中国传统手工技艺展现美食、器物从无到有的制作过程，让许多非物质文化遗产项目进入大众视野。通过古风美食与传统文化的推广，李子柒创造了一种拥抱自然、与自然和谐相处的生活方式，展现了东方式返璞归真的生活美学，成就了"东方美食生活家"的品牌形象。正是李子柒远离喧嚣、自给自足的乡村田园生活和品牌中浓厚的东方传统文化韵味，吸引了现代都市人，让他们喜爱和追捧。

## 二、品牌个性塑造

### (一)品牌个性

个性是心理学理论中的一个重要的概念，被用来表述人与人之间在性格上所呈现出来的千差万别的现象。将人所具有的个性特征移植到品牌上，就形成了所谓的品牌个性。

品牌个性塑造，即品牌人格化，是指赋予品牌人的各种个性特征，让品牌成为一个有生命温度、活生生的"人"，品牌如人，就是这个意思。品牌个性或品牌人格，就是品牌人格化后所显示出来的独特的人性特征，是品牌形象识别的一个重要构成要素。

一方面，品牌个性是品牌核心价值的人性化表达，是建立在消费者与品牌之间的一座桥梁，是品牌对外表达自我、获得竞争优势、赢得认同的需要。当下，用户越来越看重品牌带来情感体验,这种对情感体验的看重有时甚至超过了功能体验,品牌人格化就是将品牌打造成具有独特魅力和情感影响力的人性化品牌符号,呼应潜藏在目标消费者心中的情感,让消费者感知这个品牌的温度,同时了解并认可这个品牌文化和价值观。

另一方面,品牌个性是消费者对某一品牌的感觉和所联想到的人性特征,体现消费者个性化和自我表达等心理需求。品牌个性若与消费者的个性越接近,或者是跟他们所崇尚的或是追求的个性越接近,他们就越容易接受该品牌,产生购买行为,品牌忠诚度就越高。

一个成功的品牌人格,可以唤起消费者的情绪,并且拉近品牌与消费者之间的距离;以此构建情感价值,继而产生情感共鸣,并且在消费者心目中刻画出鲜明的品牌形象。

> **知行合一**
>
> 七匹狼:男人本色——野性、感性、理性、弹性。
> 锐步:野性、年轻、活力。
> 海底捞火锅:一个做饭好吃,还超级热心肠、特别有服务精神的邻居。
> 苹果牌牛仔裤:反叛的,个性主义。
> 星巴克:时尚、精致、乐于分享的白领。

### (二)品牌人格化工具

目前应用比较广的人格化工具是中国千家品牌实验室在美国著名学者珍妮弗·阿克尔的"品牌个性度量表"模型基础上,针对中国市场进行了优化后推出的更符合中国市场的"品牌个性五维度度量表",如表3-1所示。

表3-1 品牌个性五维度度量表

| 五大维度 | 18个层面 | 51个人格 |
|---|---|---|
| 纯真 | 务实 | 务实,顾家,传统 |
|  | 诚实 | 诚实,直率,真实 |
|  | 健康 | 健康,原生态 |
|  | 快乐 | 快乐,感性,友好 |
| 刺激 | 大胆 | 大胆,时尚,兴奋 |
|  | 活泼 | 活力,酷,年轻 |
|  | 想象 | 富有想象力,独特 |
|  | 现代 | 追求最新,独立,当代 |
| 称职 | 可靠 | 可靠,勤奋,安全 |

续表

| 五大维度 | 18个层面 | 51个人格 |
|---|---|---|
| 称职 | 智能 | 智能，富有技术，团队协作 |
| | 成功 | 成功，领导，自信 |
| | 责任 | 责任，绿色，充满爱心 |
| 教养 | 高贵 | 高贵，魅力，漂亮 |
| | 迷人 | 迷人，女性，温柔 |
| | 精致 | 精致，含蓄，南方 |
| | 平和 | 平和，有礼貌的，天真 |
| 强壮 | 户外 | 户外，男性，北方 |
| | 强壮 | 强壮，粗犷 |

在实际操作中，我们可以根据表3-2的品牌个性塑造模板提炼品牌个性。

表3-2　品牌个性塑造模板

| 步骤 | 内容 |
|---|---|
| 第一步：写下品牌的核心价值信息 | 1.你的品牌为什么存在（一两句话）？<br>2.市场对你的品牌感觉如何？<br>3.你的品牌能够利用哪些文化趋势？<br>4.你的品牌的核心信息是什么？ |
| 第二步：缩小品牌个性特征范围 | 1.你的品牌是□男性品牌 □女性品牌 □中性品牌<br>2.你的品牌属于□年轻人 □中年人 □老年人<br>3.你的品牌属于□高雅型 □主流型 □世俗型<br>4.你的品牌是 □地方性的 □区域性的 □全国性的 □全球性的 |
| 第三步：列出品牌个性特征 | 参照表3-1，列出8—10个描述品牌个性特征的词汇 |
| 第四步：确定品牌个性特征 | 根据第三步列出的品牌个性特征回答以下问题，筛选出4—5个能够代表你的品牌的个性特征。<br>1．这些个性特征能够实事求是地代表你的公司吗？（例如，它们是否代表了公司关键人物的个性特征？是否代表了公司核心员工的个性特征？）<br>2．这些个性特征适合你的各种营销活动吗？<br>3．这些个性特征会吸引你的目标消费者吗？<br>4．这些个性特征能将你的品牌与同行业其他品牌区分开吗？<br>5．是否至少有一个个性特征有助于与外界沟通？（例如，你所选择的描述品牌个性特征的词汇能用来描述一个人的个性特征吗？） |

（资料来源：程宇宁《品牌策划与推广（第2版）》，中国人民大学出版社。）

## （三）品牌人格化策略

1.与目标市场相匹配

品牌个性对应着目标消费者的心理需求和价值取向，品牌人格化要与目标人群的人格偏好、价值期望相匹配,满足消费者的个性化和自我表达需求。品牌只有成为消费者所喜欢的"人",才能引发目标消费者的情感共鸣。

> **知行合一**
>
> "江小白"的目标人群是年轻群体,其品牌人设是一个时尚、简单、我行我素,善于"卖萌"、自嘲,却有着一颗文艺的心的"文艺青年江小白",就像我们千千万万年轻人一样的特征,并通过创意化情绪表达,唤起了年轻人的共鸣,使年轻群体成为江小白的粉丝。

2. 匹配品牌核心价值观

任何的品牌个性都不是凭空存在的,必须以品牌定位为前提。一方面,品牌个性的DNA是从品牌的核心价值提炼而来的;另一方面,品牌个性又可以强化消费者对品牌核心价值的认知和认同。

> **知行合一**
>
> 华为品牌核心价值和特性为带来潜在增长、以客户为先、快速反应、蓬勃向上;华为品牌个性为可信赖的、执着的、有活力的、有进取心的。华为品牌核心价值的特质演绎出华为品牌的个性;而这样的品牌个性才可以更好地实现品牌核心价值。

3. 与竞争对手品牌人格化区隔

品牌个性是最能体现品牌之间的差异性的,即使是品牌定位、产品属性大同小异,仍然可以通过塑造不同的品牌个性而区别于竞争对手,形成自己独特的品牌形象,获得市场竞争优势。美国著名品牌策略大师大卫·艾克曾在其品牌形象论中提出:"最终决定品牌的市场地位的是品牌总体上的性格,而不是产品间微不足道的差异。"

> **知行合一**
>
> 力士品牌用于满足年轻的单身女性追求梦想和自我表达的需要,目标消费者是未婚女士,品牌个性是时尚、性感、具有诱惑力;舒肤佳适用于满足家庭需要,是妈妈用于表达爱心的,目标消费者是心理年轻的妈妈们,品牌个性是关爱、温馨。

4. 传播符号层面赋予品牌以人格化象征

品牌人格化,可以是实际的人,也可以是虚拟的。在品牌传播符号层面赋予品牌人格化象征,也是一种很有效的塑造品牌个性的方式。应用品牌符号里面的吉祥物来输出品牌人格化形象就是一个很典型的做法。通过拟人化的形象,赋予品牌人的属性与特征,通过内容与消费者持续进行有价值的互动,持续输出品牌的"外在形象"与价值。

> **知行合一**
>
> 三只松鼠品牌里面的三只松鼠都有各自的"人物形象"设计,通过塑造不同性格的宠物小松鼠,便于消费者代入人物性格特征,用符合人物性格的口吻和消费者沟通交流,拉近了品牌和消费者的距离,让品牌具有了温度,增强了用户体验感。

5. 将企业领导人的个性特质、意志赋予品牌

企业在发展的过程中,逐步形成独特的文化和气质;企业领导人也显示了其富有个人魅力的个性特质、意志,且在社会公众中拥有极高的认知度和认同度,有着极大的社会影响力。将企业领导人的个性特质赋予品牌,让品牌拥有像企业领导人一样的个性魅力,让消费者产生崇拜与好感,继而爱屋及乌地转嫁到产品层面的偏好,是近年来被广泛使用的人格化方式之一。

> **知行合一**
>
> 华为"可信赖的、执着的、有活力的、有进取心的"品牌个性,正是其创始人任正非的人格魅力为其背书。很多品牌更是牢牢地与企业领导人捆绑在了一起,例如,格力与董明珠、小米与雷军、海尔与张瑞敏、苹果与乔布斯等。

6. 品牌形象代言人表达

明星、名流等社会知名人物独特的个性形象,往往为消费者所喜爱和向往,借势于那些消费者认知中熟悉且优质的明星、名流形象,可以快速建立品牌个性。当然,为品牌代言的明星、名流的"人物形象"要符合自己品牌的气质和形象,并且为品牌的目标消费者所喜爱。

> **知行合一**
>
> 光明莫斯利安酸奶为建立"纯真干净"的品牌个性,请具有"纯真的"人物形象的某影视明星做品牌形象代言人,让消费者很容易地从影视明星的人物形象联想到了品牌的个性形象,产生了很好的效果。

## 三、品牌识别设计

品牌识别是品牌拥有者希望创造和保持的能引起人们对品牌美好印象的联想物,也就是企业希望目标消费者认同的鲜明的品牌形象。

品牌识别和品牌形象实际上是一个事物的一体两面。品牌形象是品牌识别的顾客感知,而品牌识别是指导品牌形象建设的基础。品牌识别可以正面强化品牌形象,积累品牌资产,并在产品和服务的更新和扩展中延续。

### (一)大卫·艾克的构建品牌识别系统

为了确保品牌识别有内涵、有深度,企业应当从产品、组织、个人、符号四个角度考虑品牌。思考不同的品牌识别元素和模式,从而使得品牌识别清晰、丰富且独具特色。

图3-5为著名品牌营销专家大卫·艾克构建的品牌识别系统。

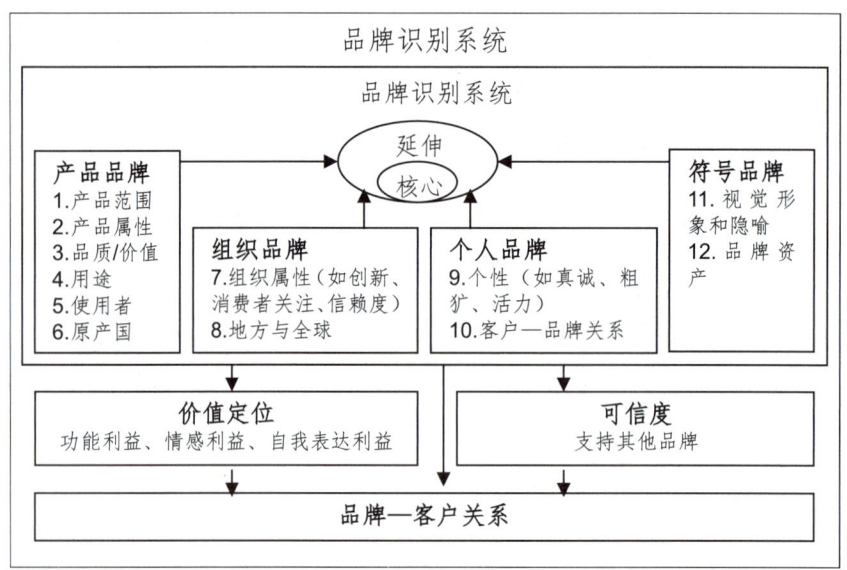

图3-5 大卫·艾克构建的品牌识别系统

1.作为产品的品牌

与产品相关的品牌联想从来都是品牌识别中的重中之重,因为这些联想直接与品牌选择和使用体验发生关系。产品形象是品牌形象的基础,是和品牌的功能性特征相联系的形象。潜在消费者对品牌的认知首先是通过对其产品功能的认知来体现的。一个品牌不是虚无的,而是因其能满足消费者的物质的或心理的需求,这种满足和其产品息息相关。品牌的商品属性和特性概念直接影响着顾客需求的满足程度,在品牌认同的建立过程中,扮演重要的角色。

产品识别的相关联想包括产品范围(品类)、产品属性、产品质量/价值、用途/

使用场景、使用者的联想及与国家或地区的联系等。

2.作为组织的品牌

品牌具有企业属性。品牌组织背景,包括组织特性,如创新能力、对品质的追求、对环境的关注、人文关怀、社会责任等,公司的全球性或地区性,这些方面会影响消费者对品牌的尊敬、好感等感情。

3.作为个人的品牌

作为个人的品牌识别比建立在产品属性上的品牌识别更丰富、更有趣,如同一个人,一个品牌也可以被认为拥有高层次、有能力、令人印象深刻的、值得信赖的、年轻的或聪明的等特征。个人的品牌,不但代表了品牌的个性因素,而且也展示了品牌与顾客之间的相互对应关系。其一,消费者会选择符合自己认同,或者表达自己认同的品牌。其二,品牌认同有利于强化商品的属性特色,使产品功能更加强大,使品牌影响力更加强大。其三,品牌与顾客良好的人格化关系,创造着品牌的强势地位。

4.作为符号的品牌

品牌的外显形式就是符号(以标识为核心)。品牌符号包括了音、形、字、色等基础要素,以及与这些符号相关联的所有隐喻。成功的品牌符号系统是品牌精神和品牌价值的集中折射。

一个强有力的符号可以帮助品牌获得凝聚力和建立结构,并使品牌更容易得到识别和再现。任何代表品牌的事物都可以成为符号,但与视觉形象相关的符号容易记忆、力量强大。策划创意蜜雪冰城等多个知名品牌的上海华与华战略营销品牌咨询有限公司构建品牌的核心武器之一就是为品牌创建"超级符号","超级符号"是品牌传播的核动力,又是品牌资产的信息压缩包。建立品牌就是建立符号。

### (二) CIS(企业形象识别系统)

CIS是一套比较成熟,也广为现代企业应用的企业形象和品牌形象设计工具。

CIS(Corporate Identity System),直译为企业形象识别系统,意译为企业形象设计,是将企业的经营理念和个性特征,通过统一的视觉识别和行为规范系统,加以整合传播,使社会公众产生一致的认同感与价值观,从而建立鲜明的企业形象和品牌形象,为企业创造竞争优势,实现企业永续经营。

作为一个整体形象策略,经过不断的发展完善,企业形象识别系统构成如图3-6所示。

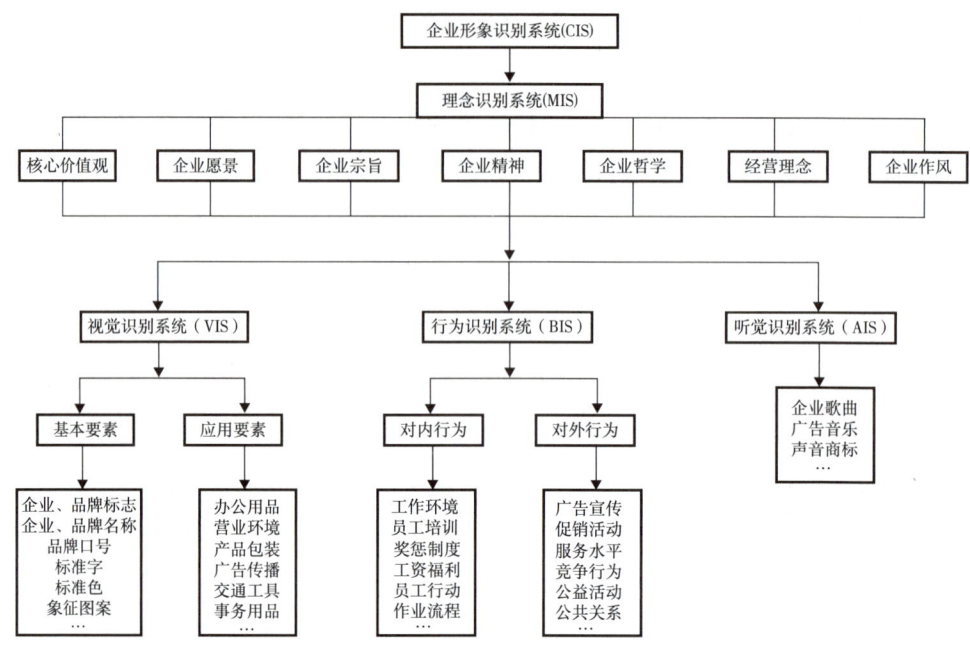

图3-6　企业形象识别系统（CIS）构成

1.企业的理念识别（Mind Identity，简称MI）。

企业理念,是指企业在长期生产经营过程中所形成的共同认可和遵守的价值准则和文化观念,以及由企业价值准则和文化观念决定的企业经营方向、经营思想和经营战略目标,主要包括企业精神、企业价值观、经营宗旨、经营方针、市场定位、产业构成、组织体制、社会责任和发展规划等。理念识别是企业形象识别系统中的核心部分,是制定行为识别规范、视觉识别规范和听觉识别规范的依据和基础。

（1）核心价值观。

企业存在的目的、意义的集中反映,是企业的精神支撑力、驱动力和所有价值观的核心,决定了企业的基本特性和发展方向,也是企业及其每一个成员共同的价值追求、价值评价标准和所崇尚的精神。

中国电信:全面创新,求真务实,以人为本,共创价值。

中国移动:正德厚生,臻于至善。

海尔集团:创新;真诚到永远。

（2）企业愿景。

企业愿景即企业发展愿望的情景式描述,是企业凭借现有资源条件,科学把握市场运行规律而制定的、带有理想化的长期愿望。

> **知行合一**
>
> 华为：实现顾客的梦想，成为世界级领先企业。
> 海尔集团：创中国的世界名牌，为民族争光。
> 格力电器：缔造全球领先的空调企业，成就格力百年的世界品牌。

(3) 企业宗旨。

企业宗旨即企业对内、对外、对社会应承担的责任和义务，反映了企业存在的根本价值。

> **知行合一**
>
> TCL集团：为顾客创造价值，为员工创造机会，为社会创造效益。
> 海尔集团：装点人生，服务社会。
> 青岛啤酒公司：发展青岛啤酒，弘扬民族工业。

(4) 企业精神。

企业精神即企业在长期经营管理的实践中，逐步发展或精心培育形成的，为广大员工所认同的群体意识，是企业生存和发展的精神支柱。往往以简洁生动而富有哲理和个性特点的语言表达出来。

> **知行合一**
>
> TCL集团：敬业、团队、创新。
> 海尔集团：敬业报国，追求卓越。
> 格力电器：忠诚、友善、勤奋、进取。
> 同仁堂集团：同修仁德，济世养生。

(5) 企业哲学。

企业哲学即指导企业生产、经营、管理等活动及处理人际关系的原则，是企业最高层次的管理理念，也是企业中各种活动规律的正确反映，并主导着企业文化其他内容的发展方向。

> **知行合一**
>
> 宝钢集团：宝钢为您创造价值。
> 联想集团："变"是联想集团永远不变的主题。

(6)经营理念。

经营理念即企业在长期经营活动中所形成并一贯坚持的理想和信念,是企业经营所依据的思路和观念。

海信集团：理性、效益、安全。

格力电器：制造最好的空调奉献给广大消费者。

(7)企业作风。

企业作风的核心成分在企业经营管理工作中,通过员工的言行反映出来,成为影响企业形象的重要因素。

首钢集团：认真负责,紧张严肃,尊干爱群,活泼乐观,刻苦学习。

海尔集团：迅速反应,马上行动。

海信集团：严格要求,雷厉风行。

2.行为识别

企业行为识别(Behavior Identity,简称BI)是企业理念的行为表现,包括在理念指导下的企业员工对内和对外的各种行为,以及企业的各种生产经营行为。如果说,理念识别是企业形象识别系统中的"想法",而行为识别就是企业形象识别系统中的"做法"。

企业行为识别系统(BIS)主要包括对内行为识别系统和对外行为识别系统两大部分。对内包括组织机构、员工教育、行为规范、员工教育等行为;对外包括市场调查、产品研发、营销活动、客户服务、公共关系等,如表3-3所示。

表3-3 行为识别系统

| 企业行为识别系统 | |
| --- | --- |
| 对内行为识别 | 对外行为识别 |
| 1.组织建设,包含人才的聘用制度、岗位设定、员工的升迁制度 | 1.企业创新、产品研发 |
| 2.干部教育,包含对企业 CIS 的理解 | 2.营销活动 |
| 3.员工教育,包含工作状态、业务培训、能力技巧、礼貌用语、岗位操作规则 | 3.商务行为 |
| 4.组织机构 | 4.服务行为 |

续表

| 企业行为识别系统 | |
|---|---|
| 对内行为识别 | 对外行为识别 |
| 5.奖惩制度 | 5.公共关系 |
| 6.工作环境 | 6.广告传播 |
| 7.生活福利 | 7.竞争策略 |
| 8.管理实施规则 | 8.交易行为 |
| 9.生产操作手册 | 9.文化活动 |
| 10.部门协调 | 10.金融关系 |

### 知行合一

企业风俗是企业长期继承、约定俗成的文化活动,包括节日、习惯、典礼、仪式等,因企业的不同而有明显区别,所以成为区别不同企业的显著标志,也是企业行为识别的重要内容。

晨会、夕会——在每天的上班前和下班前用若干时间集合员工,开展升旗、健身、工作总结、领导讲话等活动,以提升员工凝聚力,加强企业文化建设。

月亮节——元旦时员工及其家属的聚会。

生日晚会——在每月最后一个周末,当月过生日的员工与公司领导聚会。

企业报刊——向企业内部及外部所有与企业相关的公众和顾客宣传企业的窗口。

文体活动——开展唱歌、跳舞、体育比赛、国庆晚会、元旦晚会等。

集体婚礼——企业为公司员工同时举行婚礼,将企业的关心和祝福传递给新人。

年会——企业和组织一年一度的"家庭盛会",为新一年度的工作奏响序曲。

(资料来源:孟韬、毕克贵《营销策划方法、技巧与文案(第三版)》,机械工业出版社。)

3.视觉识别

视觉识别(Visual Identity,简称VI)是企业理念的视觉化,通过企业品牌名称、标志、宣传语、口号、产品包装、广告传播、企业内外部环境设计等要素及方式向大众表现、传达企业理念。视觉识别在企业形象识别系统中由于其可视化特征而具有传播力和感染力,最容易被社会大众所认知和理解,具有重要的地位。后文将做详细介绍。

4.听觉识别

听觉识别(Audio Identity,简称AI)是通过听觉刺激传达企业理念、品牌形象的识别系统。听觉刺激在公众头脑中产生的记忆和视觉相比毫不逊色,有研究表明,人的各种感觉器官从外界获得的信息中,视觉信息占60%,听觉信息占20%,触觉信息占15%,味觉信息占3%,嗅觉信息占2%,因此,听觉是一个非常重要的信息传播渠道,颇受广大企业青睐。听觉识别系统主要包括企业歌曲、广告音乐、企业注册的特殊声音、企业特别发言人的声音等内容。

> **知行合一**
>
> 冰激凌与茶饮品牌——蜜雪冰城,2021年6月投放了一首只有3句歌词的广告歌曲,"你爱我,我爱你,蜜雪冰城甜蜜蜜"这3句强烈暗示品牌核心价值的广告歌词,以年轻人喜欢的调性和风格,伴随着"雪王"可爱的形象和人们熟悉、优美的旋律迅速全网刷屏。广告投放没多久,歌曲的MV在B站播放量超1000万,相关微博话题阅读量超5亿,抖音播放量更是高达12亿。同时还掀起了去门店唱主题曲就可免单的风潮。年轻人纷纷涌向门店,对着店员小姐姐一通喊麦,替品牌进行了完美的二次自发传播。素有"奶茶界拼多多"之称的蜜雪冰城的品牌知名度和美誉度一夜之间达到了一个空前的高度。这支广告的听觉元素和视觉元素看似简单直白,却拥有极强的冲击力和表现力,品牌识别度高,成为品牌形象传播的经典案例。
>
> 从公布的资料来看,截至2022年10月底,蜜雪冰城拥有23295家门店,是中国现有门店数量最多、规模最大、品牌影响力最强的饮料连锁企业。

### (三) VIS导入

品牌VIS,即品牌视觉识别系统,是一种具体化、视觉化的符号识别传达方式。它将品牌经营理念、品牌文化、服务内容、品牌制度等抽象语言,以独特的名称、标志、标准包装等视觉要素具体而形象地表现出来,从而区别于其他企业,是企业识别系统中最具有传播力和感染力的要素。

品牌视觉识别系统包括基本要素系统和应用系统两大部分,如图3-7所示。

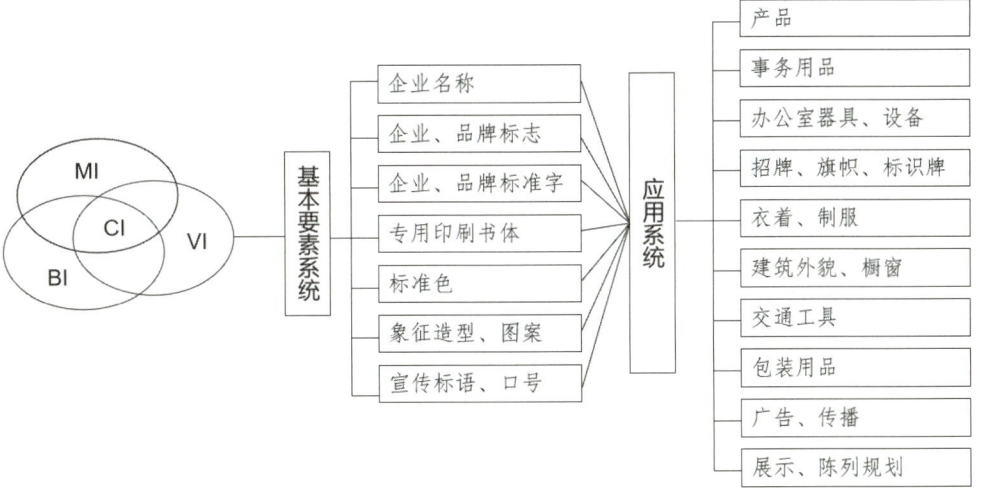

图3-7 视觉识别系统构成

1. VI设计

1）基本要素设计

基本要素设计是视觉识别系统的核心内容，在设计形式上以标志设计为主导，对相关视觉识别元素进行设计及组合规范设计。其实际上是将企业理念转化为具体形态、色彩等要素并综合成视觉模式的过程，是沟通与传播的关键，是企业品牌的象征与识别符号，同时也是企业通过法律注册获得知识产权保护的主要内容。

（1）品牌名称与品牌标志。

品牌名称与品牌标志如图3-8至图3-11所示。

图3-8 佳味螺品牌Logo（企业供图）

图3-9 好欢螺品牌Logo（企业供图）

图3-10 柳职匠子螺品牌Logo（企业供图）

图3-11 螺霸王品牌Logo（来源：企业网站）

（2）标准字。

标准字体设计包括品牌名称和企业名称的专用、独特字体设计，是企业形象识别中运用最为广泛的字体，是塑造企业品牌整体形象的识别符号。图3-12、图3-13为佳味螺品牌标准字规范。

图 3-12　佳味螺品牌标准字（企业供图）　　图 3-13　好欢螺品牌标准字（企业供图）

(3)标准色彩。

标准色(专用色)是指企业指定某一特定的色彩或一组色彩系统,运用在包括标志、标准字、宣传媒介等所有视觉传达设计的元素和媒介上,通过色彩存在的知觉刺激和心理反应来表现企业的经营理念或产品的内容特质,是企业形象识别策略"耀眼"有力的工具。标准色彩的选用应以国际色谱为参考标准,一般不超过三种颜色,以一种颜色为主,并以CMYK色彩模式的参数进行标示(见图3-14),需要在把握色彩心理学效应认知的基础上进行合适的搭配;避免选用多种杂乱、无目的、无联系的色彩做企业的标准色。图3-15、图3-16为好欢螺品牌标准色。

图 3-14　佳味螺Logo标准色（企业供图）

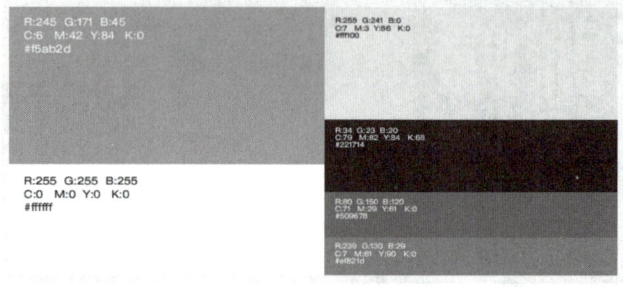

图 3-15　好欢螺Logo标准色（企业供图）

图 3-16　好欢螺视觉应用标准色（企业供图）

(4)特形图案设计。

特形图案又称"企业造型",通过平易近人、亲切可爱的造型,给人制造强烈的记忆印象,成为视觉的焦点,来塑造企业识别的造型符号,直接表现出企业的经营管理理念和服务特质。图3-17为好欢螺品牌造型"欢仔"。

图3-17　好欢螺"欢仔"三视图（企业供图）

(5)吉祥物设计。

吉祥物设计通常是以可爱的拟人化形象来唤起社会大众的注意和好感。利用人物、动物、植物等素材，通过拟人、变形、夸张等手法塑造出有生命和情感色彩的吉祥物更具有传播优势。

> **知行合一**
>
> "福娃"是2008年北京夏季奥运会吉祥物，五个福娃分别叫"贝贝""晶晶""欢欢""迎迎""妮妮"，各取它们名字中的一个字有次序地组成了谐音"北京欢迎你"。每个福娃都代表着一个美好的祝愿：贝贝象征繁荣、晶晶象征欢乐、欢欢象征激情、迎迎象征健康、妮妮象征好运。娃娃们带着北京的盛情，将祝福带往世界各个角落，邀请各国人民共聚北京，欢庆中国北京的2008年奥运盛典。

(6)标语口号。

标语口号是根据品牌定位或企业经营理念而提出的一种文字宣传标语，是企业品牌形象传播重要的元素之一。

> **知行合一**
>
> 好欢螺：地道螺蛳粉，当然好欢螺！
> 李宁：让改变发生！
> 格力：让世界爱上中国造！
> 小米：为发烧而生！
> 抖音：记录美好生活！
> 腾讯：用心创造快乐！
> 两面针：一口好牙，两面针！

2)应用要素设计

基本要素确定之后，就着手开发各种具体项目的品牌形象传播应用设计规范，目标是使企业品牌形象要素的表现有效地配合企业行为，最大限度地运用到企业内外各个层次。应用要素设计主要包括以下几个方面。

(1)办公事务用品设计。

办公事务用品是企业对内对外都经常使用的物品,是企业形象重要的传播媒介。包括名片、工作证、徽章、请柬、文件夹、资料袋、公文表格、信纸、信封、便签、账票等。实际设计时,可根据企业的规模大小、经营特色和经营状况来决定设计的内容和数量。图3-18为匠子螺品牌电子文档格式规范。

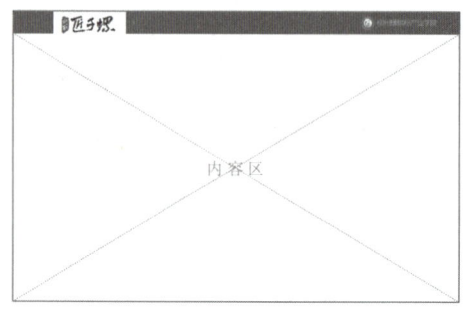

图3-18　匠子螺PPT文档和Word文档格式规范（企业供图）

(2)产品包装设计。

产品包装不仅起到保护商品、促进销售的作用,还是企业与品牌传播的重要媒介。消费者透过包装,能够产生对企业和品牌形象的间接认知。通过对包装的结构、形式、产品名称、包装色彩、主题图形和标准字等元素进行整合设计,突出企业品牌的形象特征,以此来提高产品的形象表现力。图3-19、图3-20分别为佳味螺、好欢螺产品包装图。

图3-19　佳味螺产品包装（企业供图）

好欢螺经典原味螺蛳粉300g　　好欢螺经典原味螺蛳粉400g　　好欢螺经典干拌螺蛳粉355g　　好欢螺爆辣干拌螺蛳粉355g

好欢螺香茄牛腩螺蛳粉385g　　好欢螺小龙虾味螺蛳粉320g　　好欢螺加辣加臭螺蛳粉400g　　好欢螺花甲香菇螺蛳粉335g

图3-20　好欢螺产品包装（企业供图）

（3）公关礼品设计。

各种公关事务用品和赠品，不但能有效地促进企业的公共交流，还能体现企业的实力，加强企业品牌的形象传播。公关礼品一般分为普通赠品和特殊纪念品，包括T恤衫、纪念章、礼品袋、钥匙牌、雨伞、领带、领带夹等，如图3-21、图3-22所示。

图3-21　佳味螺手提袋（企业供图）

图3-22　柳职匠子螺标识伞（企业供图）

（4）媒体广告规范设计。

媒体广告是企业品牌形象传播最直接、最有效的手段。媒体广告包括网络广告、电视广告、报纸广告、杂志广告、POP广告、户外广告（路牌、灯箱等）、招贴广告、广告册等，形式多样，需要在格式、标板等方面进行规范设计，以形成统一、规范的整合营销传播效果。图3-23为好欢螺广告作品实例。

图3-23　好欢螺广告作品（企业供图）

续图3-23

(5)建筑环境设计。

企业的建筑环境设计包括企业外部环境和内部环境设计,是企业品牌形象在公共场合的视觉化再现。通过建筑内外环境规范化的形象设计,形成统一的视觉识别效果,有利于向社会大众传播企业的整体形象,有利于提高企业的知名度和美誉度。图3-24为烘焙品牌蜜诗塔室内外空间设计图。

图3-24　烘焙品牌蜜诗塔室内外空间设计图（企业供图）

(6)品牌终端(销售终端)设计。

销售终端是指产品到达消费者处并可在此完成交易的最终端口,就是消费者能够在买到产品的场所。销售终端是终端消费者接触最多的环境之一,也是企业品牌的门脸,是展现品牌气质和形象的载体。统一、标准、强势的门店形象能让消费者最直接地感知品牌。

在设计方面,包括室内外装饰设计、商品陈列、POP、货架展示、橱窗展示等方面的设计要充分应用品牌标志、标准字和标准色等基本识别要素,体现其统一性和规范性;要突出整体感、顺序感和新颖感,充分展示企业品牌形象,表现出企业品牌的精神风貌。图3-25、图3-26分别为好欢螺线下门店形象和线上门店形象实景图。

图 3-25　好欢螺线下门店形象（企业供图）

图 3-26　好欢螺线上门店形象（企业供图）

(7)服饰设计。

统一、美观、有个性的服饰,可以增强员工对企业的归属感、工作责任心和强烈的团队精神,也是对员工在行为和礼仪上的一种无形的约束。服饰整体风格应与企业行业特征及企业形象相呼应,展现出企业形象的个性。服饰设计包括管理人员服装、经理服装、员工服装、文化衬衫、T恤衫、礼仪服装、领带、工作帽、胸卡等。

(8)交通工具设计。

企业专用的交通工具是宣传企业形象的活动媒介,具有流动性强和展示灵活的特点。由于其快速移动的特点,所以出现在交通工具上的视觉要素设计要简洁明快,易于大众快速识别和记忆。交通工具包括轿车、大巴车、中巴车、小巴车、货车、工具车等。

2.VI设计原则

VI设计不能一味地强调形式美感和视觉冲击力,而是要注意与企业核心价值的匹配,与品牌核心价值、品牌定位和个性形象的匹配,与目标消费群体个性特征的匹配,与行业特征和产品与服务的特征匹配。在此基础上,VI设计还应该坚持独创性、艺术性、信息性、社会性和统一性的原则。

(1)独创性。

突出个性,与众不同,使受众留下深刻印象。

(2)艺术性。

表现形式美丽大方、简单直观、个性鲜明,易于识别和记忆。

(3)信息性。

寓意深刻,内涵丰富,易于产生品牌价值相关的联想。

(4)社会性。

尊重和适应地域文化和风俗。

(5)统一性。

在运用推广时,品牌名称、标志等视觉识别符号要做到统一管理、统一使用,使企业品牌形象保持统一,以给人留下深刻印象。

3. VIS作业流程

(1)识别策略报告。

全面的市场调研、考察,充分把握市场动态,了解企业品牌的目标消费群特征和审美偏好、行业与品类特征、企业文化与理念;理解把握MI理念内涵,收集企业、产品以及竞争品牌的相关资料,进行比较分析,明确VI设计的目标、概念、要点。

(2)基本要素规划设计。

名称、标志、中英文标准字、色彩系统、吉祥物、象征图形、基本组合规范。

(3)应用要素系统开发。

基本要素在各种媒介上的应用规范设计,因企业规模、产品内容和传播形式的不同而有不同的组合、运用形式。

(4)市场检验修改。

在基础设计项目确定后,要进行市场检验,通过市场调研检验,根据反馈回来的信息分析在具体实施时存在的问题,根据这些问题进行修改、定型;同步开展在商标法保护和著作权登记层面的查询和注册工作,做到后期实施时没有障碍。

(5)VI手册编辑、制作。

在以上设计内容完成后,开始进行VI手册的编制工作。手册包括全部要素的设计规范,以及标准说明、使用规范和禁忌事项等内容,如CI理念篇、基本要素篇、应用系统篇、附录篇。

(6)VI手册执行。

企业在运行及管理过程中,一般情况下都要依据VI手册来执行。只有严格执行VI手册的规范,才能保证企业品牌形象传播中的一致性和协调性。

## 四、品牌名称策划

品牌名称是品牌识别中可以用文字表述的并用语言传播的部分。一个好的品牌名称犹如画龙点睛。品牌名称是品牌符号群中的核心要素,也是消费者对品牌印象的第一反应,是消费者记忆品牌和品牌传播的主要依据,更是品牌传播内容的起始点和终极目标。

品牌名称可以从不同的侧面诠释品牌的核心价值,成为品牌传播的最好载体;品牌名称提供了品牌联想,它可以最大限度地激发消费者对于该品牌所代表的产品或服务的质量、形象、特色的一种感知联想。

### (一)品牌命名的原则

1. 符合法律规范

品牌名称可以注册成为商标是一个最基本要求,因为如果品牌名称不能注册,将来品牌就得不到法律的有效保护;没有法律保护的品牌,品牌投资就很容易成为别人的嫁衣,也很难形成永续的品牌资产。

2. 符合品牌战略定位

品牌名要符合品牌定位,反映品牌核心价值,使品牌名更富有内涵,如华为、联想等品牌。

3. 暗示产品的属性和利益

消费者每天接触的信息纷繁复杂,也没有时间没有耐心去仔细考究所接触到的每一条信息背后的真正含义,因此,品牌命名要尽可能暗示产品的属性和利益,让消费者看到品牌名称就很容易获得产品的品类、属性、利益等信息,如农夫山泉(饮用水)、美加净(护肤品)、螺霸王(螺蛳粉)、舒肤佳(洗护品)、固特异(轮胎)等品牌名称。好名字的一个标准就是"无须解释",比如"舒肤佳"从名称来看就是洗护用品。

4. 易读、易认、易记

品牌名称是品牌传播的重要载体,因此,品牌命名要遵循容易理解、容易读写、容易记忆的原则,少用生僻字和多音字。生僻字不利于品牌传播,多音字则容易引起歧义。

5. 有创意,独特

有创意,独特的品牌名称才能更好地抓住消费者的眼球,并与竞争者鲜明地区别开来,以免混淆消费者记忆。

6. 适度延伸性

企业在进行品牌命名时,可适当考虑行业和企业未来发展的空间和方向,使品牌名称能无障碍地延伸到新行业、新产品上面来。通过品牌的延伸可以很好地帮助新产品开拓市场,也有利于品牌资产的积累。

7. 符合传统文化,为公众喜闻乐见

带有吉祥、富贵、健康、长寿、喜庆等元素的品牌名很容易赢得中国消费者的好感和喜爱,如红双喜、金利来、金六福、万家乐、健民等品牌。

总的来说,品牌名称要具有较强的传播力、较好的保护性和较浓的亲和力。

"真功夫"是我国知名的中式快餐连锁品牌。实际上,企业在初创期,品牌名称不是"真功夫"而是叫"双种子"。从品牌命名原则来看,"双种子"的语言文字和合法性是没有问题的,但是,从品牌名称的内涵和品牌联想来看,则存在着巨大的问题。营销策划机构调研后发现:一个陌生的消费者第一次听说"双种子"时,很容易联想到稻谷食品;更有甚者将其误认为是种子酒。而在品牌名拟人化联想中,"双种子"则是一位诚实、平易近人的农民,跟品牌所属核心产品特质相差十万八千里。显然,"双种子"这个品牌名称造成了消费者对品牌识别的障碍。

营销策划机构通过全面的品牌营销调研,特别是对消费者的深度洞察以及对中国数千年的养生文化、功夫文化的把握,为企业提炼了品牌的核心价值——"营养还是蒸的好",并将品牌名称改为"真功夫"。

"真"与"蒸"谐音,"蒸"是品牌区别于竞争对手的一大特色。从产品利益的角度分析,通过独特的"蒸",可以实现"保留食物精华,均衡内在营养",达成"营养美味"的联想,满足人们身体的需要,吃"营养美味"的食物令身体强健。

"功夫",是中国数千年的养生文化瑰宝。功夫文化在生活中俯拾皆是、老少皆宜,人人都喜于接受。功夫,是强者、英雄、竞技美学的幻想,强健体魄的联想。"功夫"使强健身体的联想与核心产品利益产生交集。另外,"功夫"在中国人眼里是一个具有专业感的词汇,中国人总喜欢说一个人用不用功,做事用不用心,就是下没下"功夫"。

因此,"蒸"与"功夫"组合成"蒸功夫"就成了一种用心的"蒸法",一种独特技艺。于是,一个全新的品牌诞生了——"真功夫"。品牌口号也随之产生——"真功夫",功夫不负有心人,营养还是蒸的好!

品牌名称"真功夫",内涵丰富且直观,与品牌核心价值关联紧密,消费者联想清晰,即使消费者是浅尝式接触信息,也能识别到品牌的独特价值。

在此基础上,营销策划机构为企业创建了一套简洁而有传播力的品牌识别系统,将品牌名称、标志、品牌形象载体、品牌色彩管理、广告、促销进行有效统一传播。自此,企业开始了全国市场的大规模扩张,"真功夫"由一个区域性的小品牌成为全国性的知名品牌。

### (二)品牌命名的方法

**1. 产地命名**

以产品的出产地或所在地的名称来命名,如西湖龙井茶、青岛啤酒、涪陵榨菜等。

2. 人物命名

以产品的发明者、企业的创始人或者与商品相关的某个名人的名字来命名,如俞兆林保暖内衣、李子柒螺蛳粉。

3. 目标顾客命名

根据品牌的目标顾客的特征来为品牌命名。一是根据目标顾客的人口统计特征来命名,如太太口服液、劲霸男装、太子奶、娃哈哈、好孩子等;二是根据目标顾客的心理和文化因素来命名,如法国一家香水公司推出的一款品牌名为"毒药"的香水,就是迎合许多女性冒险刺激、超凡脱俗、叛逆的心理需求。

4. 企业命名

以企业名称来命名,如美菱冰箱、格力空调等。

5. 数字命名

以数字或数字与文字联合组成品牌名称,如"555"牌电池。

6. 利益价值命名

以企业追求的利益价值来命名,如佳味螺、好欢螺、三九胃泰、舒肤佳等。

7. 形象命名

以动物、植物或自然景观来命名,如飞鹤奶粉、圣象地板等。

### (三)品牌命名的程序

1. 确立目标

在品牌命名之前,应该先对目前的市场情况、未来国内市场及国际市场的发展趋势、市场竞争、消费者心理、消费文化等不同层面对品牌的整合营销传播进行战略思考。内容包括:商品的基本性能和独特卖点是什么?商品的目标消费对象是哪些人?这些消费对象有什么样的消费心理和消费行为?需要什么类型的品牌名称?产品是否可能进入国际市场?新品牌名称与公司目前的众多品牌名称相适配吗?新品牌名称与公司目前的命名文化相适配吗?新品牌名称有十足的创新吗?竞争对手将会做出什么反应?这一系列的问题有利于确立品牌命名的目标,做到有的放矢。

2. 取名作业

确立目标之后,我们就可以进行取名作业,网罗各路精英,发动头脑风暴,让所有可以参与的人畅所欲言、集思广益,甚至采用计算机软件辅助取名,任何怪异的名称都不要放过,一一记下。

3. 评价筛选

将取名作业得到的名称,用品牌命名原则的标准一一评价和筛选,并列出相关结果。评价和筛选品牌名称的一个重要问题是由什么人来筛选。组织一个合理的评价小组十分重要。该评价小组的成员最好包括语言学、心理学、美学、社会学、市场营销学等方面的专家。

4. 消费者测试

专家对品牌名称的评价和筛选的结果还需通过消费者的测试。消费者才是最终的决策者。消费者测试就是对选择的方案进行消费者调查,以便最终确定品牌名称。通常可采用调查问卷的形式了解消费者对品牌名称的反应。如果测试的结果表明消费者并不认同被测试的名称,那么不管是专家还是企业多么偏爱这个名称,一般都不应采用,而需考虑重新命名。

5. 法律审查

通过消费者测试的名称还要经过详细充分的法律审查。这个过程虽既费钱又费时,但却至关重要,因为不能注册就得不到法律的有效保护。如果已经被别人注册,那么企业只有两个选择,要么放弃此品牌名称,要么向此品牌名称持有人购买。通过法律审查,企业可以排除那些在市场上已经使用或已经被人注册或与本品牌名称相近的名称,以确保自己所确定的品牌名称的专有性。

6. 确定注册

通过法律审查的名称可由企业根据偏好做出选择并最终确定,尽快进入法律程序进行相关注册;在没有确保注册通过之前最好能够保密,不要事先发布,以免被人恶意抢先注册,造成麻烦。

## 五、品牌标志设计

品牌标志(Logo),是品牌中可以识别但不能用语言表达出来的部分,为品牌商标中图形化、概念化的视觉符号,其基本构成元素包括图形、符号、色彩、字体等。品牌Logo设计属于品牌VI系统设计的核心内容。

### (一)品牌标志的特性

1. 识别性

识别性是指品牌标志可以区分不同的品牌。

2. 领导性

领导性是企业视觉识别系统(VIS)的核心。

3. 象征性

象征性是指品牌标志象征企业的经营理念和价值观等。

4. 造型性

造型性是指品牌标志往往具有一定的造型,如中英文字体、具体图案、抽象符号和几何图形等。

## （二）品牌标志的作用

标志符号是品牌最外在、最直接、最具有传播力和感染力的部分，它以深刻的理念、优美的形象给人们留下深刻的印象和记忆，有助于克服语言和文字上的障碍及表达的困难，有利于传播和记忆。据心理学家分析，人们的信息85%是从视觉中获得的，因此，建立良好的品牌视觉形象是竞争的首选目标。

标志可以引发品牌联想，激发消费欲望。对品牌的记忆及快速识别，引发我们对品牌的认同与相关的种种联想，让人更容易识别、理解、喜欢和记忆品牌。

品牌标志成为人们表达"自我"的社会文化符号。品牌标志，不仅可以让我们记住品牌，也能够"勾起"我们的某种"渴望"。

总之，品牌标志看起来似乎是一个简单的图案，却承载着丰富的内容和意义。成功品牌的标志，不仅仅是一种商品符号，而是上升为一种社会和文化符号。一个成功的品牌标志能整合和强化品牌认同，增强顾客品牌印象。

## （三）品牌标志的主要形式

### 1. 图形Logo＋品牌名称

图形Logo和品牌名称组合设计是较为常见的形式。这种形式融合了品牌名称和图形符号的传播力，可以强化消费者对品牌的认知和记忆，如图3-27、图3-28所示。

图3-27　佳味螺品牌Logo（企业供图）

图3-28　好欢螺品牌Logo（企业供图）

### 2. 纯字体Logo

纯字体Logo可以简单而直接表达品牌，加强品牌名称的传播，但不便于记忆，如图3-29、图3-30所示。

图3-29　联想品牌Logo（来源：企业网站）

图3-30　海尔品牌Logo（来源：企业网站）

### 3. 纯图形Logo

纯图形Logo虽然比较抽象，不太容易认知，需要经历很长时间的品牌积累，才能形成清晰的市场认知，但是一旦建立起较好的市场识别度，则会有较好的视觉冲击力和记忆度，如图3-31、图3-32所示。

图 3-31　抖音品牌 Logo
（来源：企业网站）

图 3-32　小米品牌 Logo
（来源：企业网站）

### （四）品牌标志的设计原则

1. 符合品牌战略定位，准确表达品牌特征

品牌标志设计的形态要在一定程度上符合品牌战略和品牌理念，并体现和代表品牌的行业属性、功能属性和价值属性。苹果电脑上被咬了一口的苹果标志，隐含了品牌创始人乔布斯和企业的冒险、创新的精神内涵；麦当劳标志代表了美味、干净、舒适。

2. 具有独特性

品牌标志作为个性化的识别符号，其最基本的要求是，能将现有的标志和竞争对手的明显区隔开；创新、有特色的 Logo 才更具有吸引力。同样是以字母 M 为标志，麦当劳和摩托罗拉品牌的标志设计截然不同，麦当劳的标志图形比较圆润，有亲切感；摩托罗拉的标志则棱角分明、双峰突出，表现了品牌的高科技属性。

3. 引人注目

注重对比，强调视觉形象的鲜明与生动，是产生注目性的重要形式，如图 3-33、图 3-34 所示。

图 3-33　好欢螺品牌 Logo
（来源：企业供图）

图 3-34　蒙牛品牌 Logo
（来源：企业网站）

4. 具有较强的传播力

品牌标志要易于识别、记忆和传播，如图 3-35、图 3-36 所示。

图 3-35　饿了么品牌 Logo
（来源：企业网站）

图 3-36　华为品牌 Logo
（来源：企业网站）

5.通用性强

品牌标志应具有较广泛的通用性。应该能够在各种媒介和应用保持适应性,可以便捷地用于包装、复制、印刷、缩放等方面。图3-37为佳味螺品牌Logo的一些特殊应用。

（a）

（b）

图3-37　佳味螺品牌Logo的应用（企业供图）

6.信息性

品牌标志应以简练的造型表达丰富内涵,并且其信息容易被观者理解。图3-38的螺霸王品牌Logo、图3-39的钟薛高品牌Logo都比较直观地传递产品的信息。

图3-38　螺霸王品牌Logo
（来源：企业网站）

图3-39　钟薛高品牌Logo
（来源：企业网站）

7.文化性

品牌标志应能够体现民族传统、时代特色、社会风尚,以及企业或团体的理念精神。图3-40柳江人家螺蛳粉的品牌Logo应用了少数民族服饰元素;图3-41柳职匠子螺的品牌Logo则体现了中国传统文化之美。

图3-40　柳江人家螺蛳粉品牌Logo
（企业供图）

图3-41　柳职匠子螺品牌Logo
（企业供图）

### 8. 造型优美，符合审美规律

品牌标志的图案造型要优美流畅，富有感染力；既有静态之美，又有动态之美，能给人以美的享受，如图3-42、图3-43所示。

图3-42　李宁品牌Logo
（来源：企业网站）

图3-43　某品牌Logo
（来源：网络资料）

### （五）品牌标志的设计要点

1. 明确设计宗旨

明确设计宗旨即标志设计的目的是什么。

2. 明确设计目标

明确设计目标需要明确针对的目标市场、目标受众是什么，透过标志，要传达一个什么样的概念。

3. 明确标志传播的信息内容

明确标志传播的信息内容包括：标志概念及其要传达的信息内容是什么；组织、活动、企业或产品的中英文全称、简称是什么；有无本行业的象征图形；是否要加以应用；有无特别的意义或概念要通过标志设计加以表达。

4. 明确设计的限制

明确设计的限制包括：是否有组织或企业识别系统的规定与以往印象延续的限制；有无使用环境的限制；有无传播媒介的限制；有无加工工艺及材料的限制。

## 项目三　自学自测

**简答题**

1. 品牌个性的含义是什么？
2. 品牌命名的原则有哪些？
3. 品牌标志设计的原则有哪些？

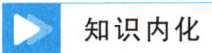

## 实训1　品牌个性塑造

（任务　品牌个性检视）

选择一个本土螺蛳粉品牌作为研究对象，从消费需求出发，对品牌个性进行全面检视，分析存在的问题，提出解决方案，并简述创意思路。请将研究成果做成展示PPT，并将要点记录在下表中。

品牌个性检视

| 项目 | 现状描述 | 问题分析 | 建议方案 | 创意思路 |
| --- | --- | --- | --- | --- |
| 品牌个性 |  |  |  |  |

## 实训2　品牌VIS执行检视

（任务1　品牌名称检视）

选择一个本土螺蛳粉品牌作为研究对象，根据品牌命名的原则和命名技巧，对品牌名称进行全面检视。如需重新命名，请同时为企业命名，并简述创意思路。请将研究成果做成展示PPT，并将要点记录在下表中。

品牌名称检视

| 项目 | 现状描述 | 问题分析 | 建议方案 | 创意思路 |
| --- | --- | --- | --- | --- |
| 品牌名称 | 名称：<br>释义： |  |  |  |

（任务2　品牌标志检视）

针对同一螺蛳粉品牌，根据品牌标志创意设计的一些要求，对其品牌标志进行检视。如需重新设计，请提出新品牌标志的创意思路。请将研究成果做成展示PPT，并将要点记录在下表。

## 品牌标志检视

| 项目 | 现状描述 | 问题分析 | 建议方案 | 创意思路 |
|---|---|---|---|---|
| 品牌标志 | 标志： | | | |
| | 释义： | | | |

### 任务3 品牌VI执行检视

针对同一螺蛳粉品牌，根据品牌VI设计和执行要求，以下表所列内容对其品牌VI执行情况进行检视；根据存在的问题提出解决方案，并说明理由。请将研究成果做成展示PPT，并将要点记录在下表中。

## 品牌VI执行检视

| 项目 | 现状描述 | 问题分析 | 建议方案 | 创意思路 |
|---|---|---|---|---|
| 品牌VI管理手册 | | | | |
| 产品包装 | | | | |
| 线下终端门店形象 | | | | |
| 线上门店形象 | | | | |
| 网站主页设计 | | | | |
| POP广告规范 | | | | |
| 网络媒体广告规范 | | | | |
| 员工工作服饰 | | | | |

## 实训项目评价

### 1.任务完成评价

针对团队考核，任务完成情况评价满分为100分。其中，作品文案为85分，提案汇报为15分。教师评价占40%，企业评价占40%，学生互评占20%。

## 任务完成评价表

| 评价指标 | | 分值 | 企业评价 | 教师评价 | 学生互评 | 得分 |
|---|---|---|---|---|---|---|
| 作品文案 | 品牌人格化的创意性和合理性 | 20 | | | | |
| | 品牌名称的创意性和合理性 | 20 | | | | |
| | 品牌标志的创意性和合理性 | 20 | | | | |
| | 品牌VI执行检视的全面性与准确性 | 15 | | | | |
| | 问题解决策略的创意性和合理性 | 10 | | | | |
| 提案汇报 | PPT设计 | 5 | | | | |
| | 语言表达 | 5 | | | | |
| | 形象 | 3 | | | | |
| | 团队配合 | 2 | | | | |
| 总评分 | | 100 | | | | |

2.个人表现评价

对个人在完成工作任务过程中的表现进行评价。按五个等级划分：90—100分为优秀，80—89分为良好，70—79分为中等，60—69分为合格，0—59分为不合格。分为团队评价与学生自评。

### 个人表现评价表

姓名_____ 学号_____ 团队_____ 团队负责人_____

| 评价项目 | 考核要点 | 团队评价（70分） | 个人自评（30分） | 占总评分比例/（%） | 得分 |
|---|---|---|---|---|---|
| 任务完成情况 | 按时按质完成团队分配的任务 | | | 40 | |
| 工作态度和责任心 | 工作积极主动，富有责任心 | | | 15 | |
| 团队合作精神和协作能力 | 能良好表达自己的观点，善于倾听他人的观点 | | | 15 | |
| 独立思考和创新能力 | 能提出新的想法、建议和策略 | | | 15 | |
| 信息素养和学习能力 | 善于搜集并借鉴有用资讯和好的思路和想法 | | | 15 | |
| 总评分 | | | | | |

## 项目学习小结

1.通过项目的学习,你掌握了哪些知识点?请画出思维导图。

2.在完成本项目学习和实训的过程中,你学会了哪些分析和解决问题的方法?

3.在完成本项目学习和实训的过程中,你认为自己有哪些地方需要改进?

## 实战案例

### 江小白成功的另外一个密码——品牌人格化

江小白是近几年新崛起的一个全国性白酒品牌,在很短的时间内销售额就从零突破到10多亿元。江小白的成功有很多因素,如精准的目标人群细分和品牌定位、高效的营销渠道和营销传播等,而其个性化的品牌形象塑造以及情感化营销——"文艺青年江小白",也是其成功的一个重要因素。

在很长的一段时间里,白酒产品大多定位于高端市场。江小白酒业的创始人陶石泉表示,每次朋友聚会大家都要喝上一点白酒,但是太高端的酒对于年轻人来说消费不起,而廉价的白酒又感觉似乎上不了台面。于是,开发一款"年轻化"白酒的想法在陶石泉的心中开始萌发。

针对年轻人这一目标市场,在构思品牌名称的时候,陶石泉曾有过许多的方案,但在看到电视剧《男人帮》中那个略显害羞、略微文艺、偶尔装深沉的男主角"顾小白",以及另一部电视剧《将军》里的主人公"虞小白"后,"江小白"这个既通俗简单,又一听就能记住的名字,在他的脑海里出现了。

**江小白品牌形象**

从品牌形象来看,将品牌拟人化,设置一个卡通形象,这个形象就是目标顾客的画像,有着目标顾客的一切特点,让目标顾客与产品紧密结合,使得目标顾客看到这个形象,总会不由得想到自己,在感情色彩上与品牌产生共鸣。

于是"文艺青年江小白"浮出水面,江小白——一个长着大众脸,鼻梁上架着无镜片黑框眼镜,系着英伦风格的围巾,身穿休闲西装的帅气男生。他时尚、简单、我行我素,善于卖萌、自嘲,却有着一颗文艺的心,江小白身上汇集了与我们千千万万年轻人一样的特征。

陶石泉说:"我们要表现我们的品牌,要和粉丝产生互动,很重要的一点就是我们要做一个有态度的人,要是一个有态度的品牌。在现实生活当中,我们发现,如果我们的朋友当中有那种不喜欢表态的人,他喜怒不形于色,你喜欢吗?我反正不喜欢,并且我调查发现绝大多数人都不喜欢,大家认为这个人太复杂了,觉得城府太深,不适合交朋友。这给了我很大的启发,我想,人如此,品牌亦如此,江小白就是一个人,我们让品牌回归简单,让品牌真诚地跟顾客沟通。我们喜形于色,我们有任何态度都把它表达出来,有时候我们也会偶尔消极,偶尔也会有一点看上去有一点不那么正能量的东西,但是这很真实。"

在之后的营销中,江小白不断尝试着赋予这个男生鲜明的个性:时尚、简单、我行我素,善于卖萌、自嘲,却有着一颗文艺的心。这个形象还有一句常挂嘴边的口号——"我是江小白,生活很简单",而正是这样一句简单却充满正能量的话语迅速在网上爆红。

1.深度挖掘人性

江小白善于挖掘人性,将人饮酒的各种场景、情感通过江小白这个卡通人物充分展现出来,尤其是文案特别走心,符合目标顾客的心理。

从内容上:江小白文案内容主要是关于青春、理想、爱情、朋友、生活、家、自己、情感等方面的经历和想法以及价值观。

从表达方式上:江小白的文案始终站在顾客角度上阐述关于理想、爱情的看法和经历以及价值观,用情感唤起共鸣。

在情绪塑造上:通过场景渲染一种悲凉的气氛,并且把这种气氛传达给顾客,让目标顾客的情绪失落,产生借酒浇愁或者借酒表达的效果。

在辅助工具上:江小白洞察了让目标顾客容易产生很悲凉、很伤心、很失落的情绪的事件或者经历,让绝大多数在江小白塑造的场景中产生共鸣。

2.积极与顾客沟通,增加顾客的参与性

利用人有表达的欲望和表达的刚需,以及本质上乐于分享的特点,制作了一个江小白表达瓶,让广大的顾客去参与,你一旦参与之后,你的头像、你的话语就有可能被他们印在他所销售的那个瓶子里的,这样就增加了产品与顾客之间的互动,并不由自主地让顾客产生情感,利用一些策略激发顾客传播的欲望。

3.以顾客为中心

江小白做的一系列的营销都是以顾客为中心,深入了解目标顾客,挖掘目标顾客痛点,让自己的产品不仅仅是一个产品,更是赋予产品生命、价值观,产品的每一个特性都是为目标顾客而打造,让产品与顾客充分互动,建立强烈的情感的链接,使得让顾客买单的是你的产品满足他物质上的需求,更是满足顾客精神需求,情感需求!

许多顾客说,江小白的酒并不好喝,但唯独深受年轻人的喜爱。其中的原因大都是因为年轻人不太懂白酒,但江小白针对的消费群体就是年轻人。在江小白的"表达瓶"上市之后,白酒也可以是三五好友小聚小饮,或者一个人自斟自酌的饮品,简单纯粹。他们喝的不是酒,而是江小白的文案,是情怀。

人格化塑造,"文艺青年江小白",创意化情绪表达,唤起了年轻人的共鸣,不少年轻顾客把喝江小白作为一种时尚化表达,作为一种标签。而这迅速地使品牌在市场中得到了丰厚的回报。

这就是江小白成功的另外一个密码:重视形象打造、人格化品牌形象、强调情绪沟通、采取文化导入策略。

(资料来源:搜狐网,网络资料改编。)

## 思考题

1. 试分析此案例中江小白品牌人格化的策略。

2.品牌人格化的核心要旨是什么？

# 项目四　品牌传播与推广

## 教学目标

### ● 知识目标

1. 理解品牌传播、整合营销传播和品牌接触点管理的内涵。
2. 了解品牌外部传播和内部传播的主要方式。
3. 了解品牌广告语、品牌故事、品牌IP、品牌广告片的创意方法与技巧。

### ● 能力目标

1. 能为品牌设计创意广告语、设计品牌IP、撰写品牌故事和品牌广告片脚本。
2. 能以团队的方式完成品牌整合营销传播的策划,撰写品牌整合营销传播策划方案。

### ● 素养目标

1. 具有团队合作精神和能力,具备良好的沟通能力,能够协作完成团队工作任务。
2. 具有创新意识和能力,能够运用正确的方法获取信息、利用信息,以及掌握新知识、新技能来有创意地完成项目任务。
3. 培养良好的思维习惯,善于从专业角度来思考和创新品牌形象传播策略与工作。
4. 提高工作主动性,增强责任感、法律意识和服务意识。
5. 遵纪守法,尊重当地文化,品牌形象传播活动策划要符合相应的法律法规和社会公序良俗。

品牌策划与推广（活页式）

## 思维导图

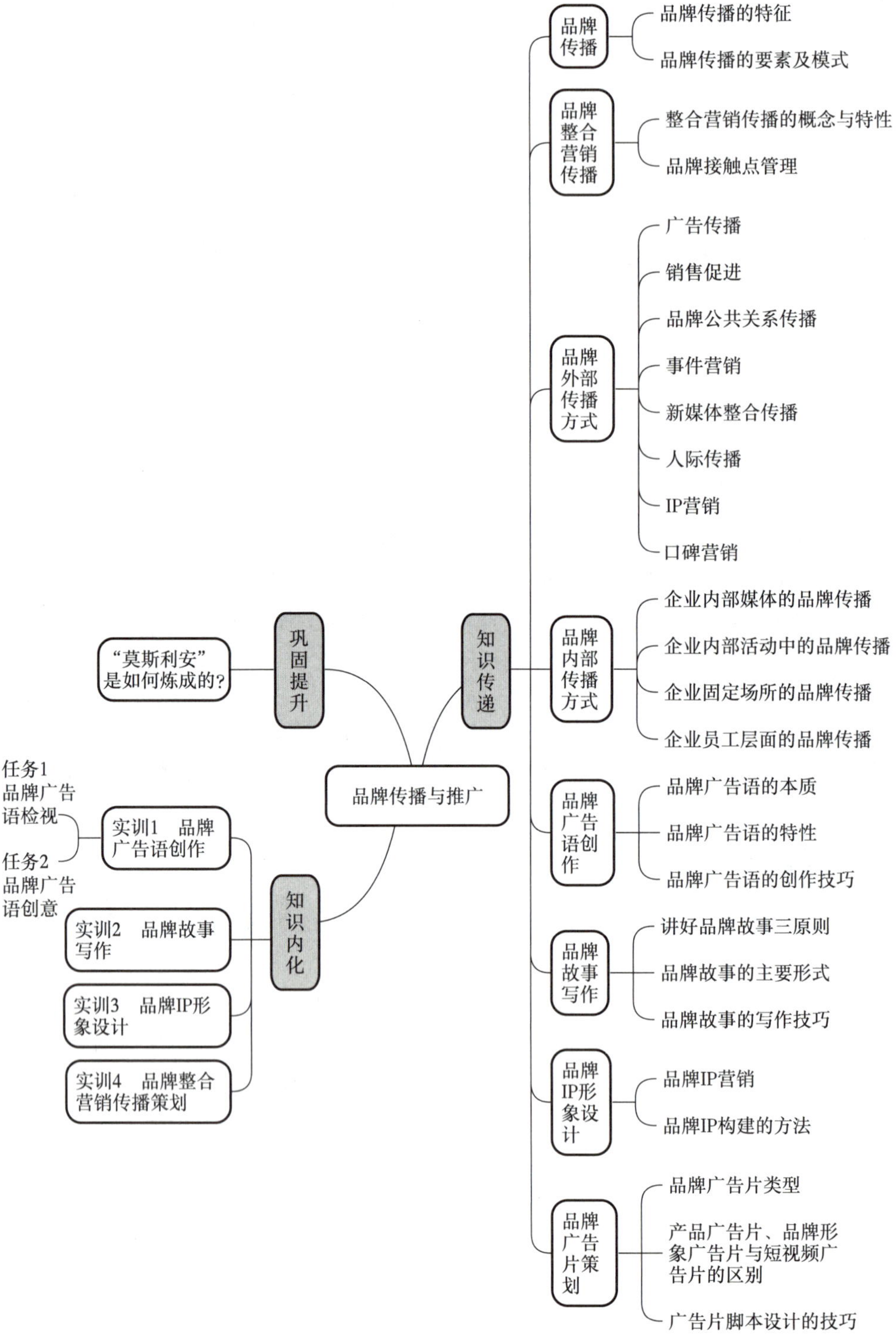

品牌传播与推广

- 知识传递
  - 品牌传播
    - 品牌传播的特征
    - 品牌传播的要素及模式
  - 品牌整合营销传播
    - 整合营销传播的概念与特性
    - 品牌接触点管理
  - 品牌外部传播方式
    - 广告传播
    - 销售促进
    - 品牌公共关系传播
    - 事件营销
    - 新媒体整合传播
    - 人际传播
    - IP营销
    - 口碑营销
  - 品牌内部传播方式
    - 企业内部媒体的品牌传播
    - 企业内部活动中的品牌传播
    - 企业固定场所的品牌传播
    - 企业员工层面的品牌传播
  - 品牌广告语创作
    - 品牌广告语的本质
    - 品牌广告语的特性
    - 品牌广告语的创作技巧
  - 品牌故事写作
    - 讲好品牌故事三原则
    - 品牌故事的主要形式
    - 品牌故事的写作技巧
  - 品牌IP形象设计
    - 品牌IP营销
    - 品牌IP构建的方法
  - 品牌广告片策划
    - 品牌广告片类型
    - 产品广告片、品牌形象广告片与短视频广告片的区别
    - 广告片脚本设计的技巧
- 知识内化
  - 实训1 品牌广告语创作
    - 任务1 品牌广告语检视
    - 任务2 品牌广告语创意
  - 实训2 品牌故事写作
  - 实训3 品牌IP形象设计
  - 实训4 品牌整合营销传播策划
- 巩固提升
  - "莫斯利安"是如何炼成的？

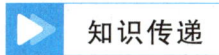 知识传递

## 一、品牌传播

所谓品牌传播(Brand Communication),是指品牌所有者通过各种传播推广手段持续地将品牌信息有计划地与目标受众进行交流和沟通,以促进目标受众的理解、认同、信任、偏好和体验,最大化地提高品牌在目标受众心目中的知名度、认知度、美誉度和忠诚度,以及使品牌资产最大化递增的过程。其实质是品牌信息的传播活动。

品牌传播是企业满足消费者需要,培养消费者忠诚度的有效手段,是品牌力塑造的主要途径,在传播中建立品牌文化与品牌联想,创造品牌新的价值。离开品牌的传播推广,品牌的塑造和成长几乎是不可能的。

### (一)品牌传播的特征

品牌传播是确立品牌意义、目的和形象的信息传递过程,同样包括了信息传播的所有参与因素和类似流程。品牌传播独有的特征如下。

1. 品牌传播信息的复杂性

品牌是由两大部分构成的,即品牌的有形部分和无形部分。有形部分主要包括品名、标志、标准色、标志音、代言人、标志物、标志包装、产品、员工等;无形部分主要是指品牌所要表达或隐含的、潜藏在产品品质背后的、以商誉为中心的、独一无二的企业文化、价值观、历史等。这两部分在组合成品牌含义、参与品牌传播的过程中,会展现出无限的组合可能性和延伸性,这就决定了品牌传播信息的复杂性。

2. 品牌传播手段的多样性

传播手段的多样性主要体现为品牌传播的手段不仅包括广告和公共关系,而是内容非常丰富。在品牌传播中,一个企业或一个品牌的一言一行、一举一动都能够向受众者传达信息。任何一个品牌接触点都是一个品牌传播渠道,都有可能成为一种新的品牌传播途径和手段。

3. 品牌传播媒介的整合性

品牌传播媒介是指所有能用来承载和传递品牌信息的介质。新媒介的诞生与传统媒介的新生,正在共同打造一个传播媒介多元化的新格局。品牌传播媒介的整合要求与传播媒介的多元化密切相关。在大传播观念中,所有能够释放品牌信息的品牌接触点都有可能成为一个载体,比如促销员、产品包装、购物袋等。在网络中,接触点更是拥有无限的拓展空间和可能。

4. 品牌传播对象的受众性

首先,从正常的传播流程看,品牌的信息接收者不都是目标消费者,而是所有品牌信息接触者。其次,从品牌传播的影响意图看,品牌传播的对象应该是受众而不

仅仅是消费者。这是品牌营销与品牌传播的重要区别。如果将品牌传播的对象描述为消费者,强调的是消费者对于产品的消费,体现了营销获利的观念;而将品牌传播的对象表述为受众,强调的是受众对品牌的认可与接受,体现的是传播上的信息分享与平等沟通观念。

5.品牌传播过程的系统性

对品牌的感受、认知、体验是一个全方位的把握过程,并贯穿于品牌传播的各个环节之中。受众对于品牌印象的建立是一个不断累积、交叉递进、循环往复、互动制约的过程。

### (二)品牌传播的要素及模式

根据美国学者拉斯韦尔提出的5W模式,将品牌传播分为五个基本要素。

1.品牌传播主体(Who)

品牌传播主体,即品牌信息的发出者,在传播过程中担负着信息的收集、加工和传递的任务。传播者既可以是单个的人,也可以是集体或专门的机构。

2.品牌传播内容(Say What)

品牌传播内容,即品牌信息,是指运用文字、图像、感觉、口味、气味、声音等多种形式,将品牌信息译成编码,以影响信息接收者,达成传播目标。

3.品牌传播媒介(In Which Channel)

品牌传播媒介,即品牌信息的传播途径,信息传递所必须经过的中介或借助的物质载体,可以是报纸、广播、电视等大众传播媒介,也可以是微博、微信、博客、论坛、知乎、小红书、抖音等社交平台。

4.品牌传播对象(To Whom)

品牌传播对象,即品牌目标受众,是指品牌传播活动需要吸引和交流的信息接收者,既包括企业外部群体(如消费市场、企业间交易市场、非营利市场等),也包括企业内部群体(如员工)。

5.品牌传播效果(With What Effects)

品牌传播效果,即信息到达受众后在其认知、情感、行为各层面所引起的反应,即预期目标,主要体现在提高品牌知名度、认知度、美誉度和忠诚度等方面。

## 二、品牌整合营销传播

### (一)整合营销传播的概念与特性

1.整合营销传播的概念

当下的互联网环境由于信息量大、信息传播迅速,令人们在浏览信息时受到长期的轰炸和审美疲劳,同时,碎片化的信息和时间也让人们的注意力变得分散,难以在特定的信息上留下持续和长久的印象,这为品牌的营销带来了巨大的挑战——众多媒体之间的信息相互协作而不削弱品牌。

面对这样的营销传播挑战,20世纪80年代后期,以美国市场营销专家唐·舒尔茨为代表的营销学界提出了动态化的整合营销传播理念,并给整合营销传播做了如下定义:所谓整合营销传播(Integrated Marketing Communication,IMC),是指把品牌等与企业的所有接触点都作为信息传达渠道,将直接影响消费者的购买行为作为目标,从消费者出发,运用所有手段进行有力传播的过程。

此后,美国广告公司协会也给出了他们的定义:一种作为营销传播计划的概念。确认一份完整透彻的传播计划有其附加价值存在。这份计划应评估各种不同的传播技能在策略思考方面所扮演的角色,如一般广告、销售促进及公共关系等,并且将之结合,通过天衣无缝的整合以提供清晰、一致的信息,并达成最大的传播效果。

我国市场营销学者王方华教授则给出了一个比较有执行性的定义:以消费者为核心,重组企业行为和市场行为,综合协调地使用各种传播方式,以统一的目标和统一的传播形象传播一致的产品信息,实现与消费者的双向沟通,迅速树立产品品牌在消费者心目中的地位,建立产品与消费者长期密切的关系,更有效地达到广告传播和产品营销的目的。

从现实角度来讲,整合营销传播就是以消费者为中心,建立消费者资料库,分析消费者特性,运用各种形式的传播手段,连续传播本质上一致的信息,积极与消费者沟通,建立消费者与品牌之间的关系,强化消费者的品牌忠诚度。

整合营销传播一方面把广告、销售促进、公共关系、直销、CIS、包装、新闻媒体等一切传播活动都涵盖到营销活动的范围之内;另一方面则使企业能够将统一的传播资讯传达给消费者。所以,整合营销传播也被称为Speak With One Voice(用一个声音说话),即营销传播的一元化策略。

整合营销传播的实质在于:制定一个经得住推敲的、连续一贯的和以消费者为中心的品牌策略,然后再借助于一系列前后一致的、协同合作的和以消费者为中心的行销传播活动来实施这种策略。整合营销传播不只是广告,也不只是公共关系,它是在所有可能的品牌接触点上建立与消费者和潜在消费者的关系的全部方法的总和。

2.整合营销传播的特性

整合营销传播有两个明显特征。

一是战术连续性。战术连续性指所有通过不同营销传播工具在不同媒体传播的信息都应彼此关联呼应,强调在一个营销传播战术中所有包括物理和心理的要素都应保持一贯性。

物理连续性是指在所有营销传播中的创意要素要有一贯性。比如在一个营销传播中可以使用相同的口号、标签说明,以及在所有广告和其他形式的营销传播中表现出相同的行业特性等。

心理连续性也同样重要,是指对该机构与品牌的一贯态度,是消费者对公司的

"声音"与"性格"的知觉。它可通过贯穿所有广告和其他形式的营销传播的一贯主题、形象或语调等来达成。

二是战略导向性。战略导向性指营销传播的设计必须服从和服务于企业战略目标的需要，必须有助于完成企业的战略目标，如销售量、市场份额、利润目标等。能够促使一个营销传播战术整合的，就是其战略焦点。传播信息必须设计来达成特殊的战略目标，而媒体则必须透过有利于战略目标的考虑来对其进行选择。

3. 品牌整合营销传播整合的内容

整合营销传播是一个战略的概念，其中"整合"包含多重含义。

1) 形象的整合

一是指广告的文字与其他视觉要素之间要达到的一致性；二是指在不同媒体上投放广告的一致性。也就是说，图像要强化和补充文字的信息。虽然每则广告都必须有些许差异，以适应某个媒体的编辑功能或节目内容，但它必须与其他媒体投放的广告一致。

2) 工具的整合

各种营销传播工具互相配合，实现传播的整合。

3) 时间的整合

在与消费者建立关系的各个不同时期、不同阶段，传播的信息应该协调一致。

4) 空间的整合

品牌全球化，全球品牌在不同国家和地区，应传达统一的定位、形象和个性。

5) 不同利害关系者的传播整合

向公司各种不同的利害关系者（中间商、零售商、客户、股东、政府等）传播信息时，应保持公司统一的形象。

4. 品牌整合营销传播的方法

1) 建立消费者资料库

整合营销传播的起点是建立消费者和潜在消费者的资料库，资料库的内容至少应包括人口统计、心理统计、购买历史和消费者态度等。整合营销传播和传播营销沟通的最大不同在于整合营销传播是将整个焦点置于消费者、潜在消费者身上，因为所有的厂商、营销组织，无论是销售量或利润，最终都依赖消费者的购买行为。

2) 研究消费者

这是第二个重要的步骤，就是要尽可能使用消费者及潜在消费者的行为方面的资料作为市场划分的依据。这是因为消费者"行为"方面的资料比起其他资料如"态度与意向"测量结果更能够清楚地显示消费者在未来将会采取什么行动，用过去的行为推论未来的行为更为直接有效。

3) 接触管理

所谓接触管理就是企业可以在某一时间、某一地点或某一场合与消费者进行沟通。在消费者会主动找寻产品信息的年代里，决定"说什么"要比"什么时候与消费者接触"重要,然而,现在的市场由于资讯超载、媒体繁多,干扰的"噪声"增大,因此,目前重要的是决定何时与消费者接触,以及采用什么样的方式与消费者接触。

4)发展传播沟通策略

企业在此阶段需决定消费者应该从传播中获取什么要点,传播将导致消费者采取何种行动。这意味着在什么样的接触管理之下,应传播什么样的信息,而后,为整合营销传播计划制定明确的营销目标。对大多数的企业来说,营销目标必须非常正确,同时在本质上也必须是数字化的目标。例如,对一个擅长竞争的品牌来说,营销目标就可能是以下三个方面:一是,吸引消费者试用本品牌产品;二是,在消费者试用过后,积极鼓励其继续使用并增加用量;三是,促使竞争品牌的忠诚者更换品牌并建立起本品牌的忠诚度。

5)营销工具的创新

营销目标一旦确定之后,第五步就是决定要用什么营销工具来完成此目标。显而易见,如果我们将产品、价格、渠道都视为是和消费者沟通的要素,整合营销传播企划人将拥有更加多样、广泛的营销工具来完成企划,其关键在于哪些工具、哪种结合能够协助企业达成传播目标。最大的问题就在于要确保横跨营销组合各要素传播信息的一致性。

6)传播手段的组合

最后一步就是选择有助于达成营销目标的传播手段。这里所用的传播手段可以无限宽广,除了广告、直销、公共关系及事件营销,它还包括产品包装、商品展示、店面促销活动等,只要能协助达成营销及传播目标的方法,都是整合营销传播中的有力手段。

## (二)品牌接触点管理

接触点管理又称接触管理,是指企业决定在什么时间(When)、什么地点(Where),如何(How,包括采取什么接触点、以何种方式)与消费者或潜在消费者进行接触,并通过接触点向消费者传播一致的、清晰的品牌形象,达成预期沟通目标,以及围绕消费者接触过程与接触结果处理所展开的管理工作。

接触点管理是整合营销传播的核心概念,在IMC里,整合营销传播不只是广告,也不只是公共关系,更不只是交互活动或者在线交流。它是在所有可能的品牌接触点与消费者和潜在的消费者建立关系的全部方法的总和。

何谓品牌接触点?唐·舒尔茨对品牌接触点做了如下的定义:我们把品牌接触点定义为客户在体验全套的产品或服务过程中认为属于该品牌的一切要素。

直观地说,品牌接触点是指消费者在购买前、使用中以及实际体验产品后通过各种渠道和方式对品牌价值的体验和感知点。这些接触点,小到产品的包装,大到公司的新闻发布会,都是品牌信息的主要来源。每一次与消费者的接触,都会影响消费者对企业、产品和品牌的看法,以及消费者对品牌的喜爱程度和忠诚度。

品牌接触点示例,如图4-1所示。

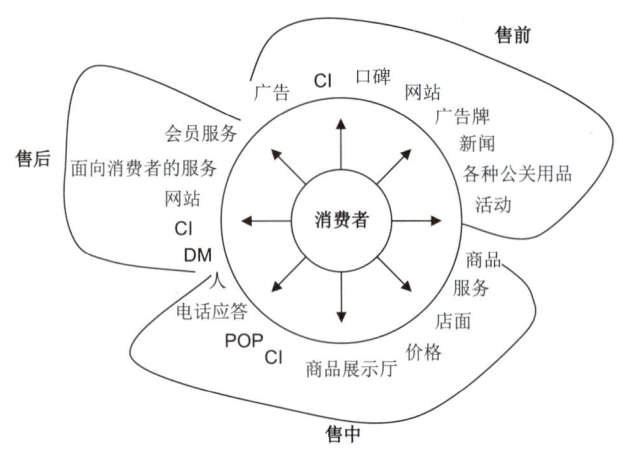

图4-1　品牌接触点示例

售前:在街头看到了楼宇广告或户外广告牌,看到了同样的品牌标志,在电视上看到了网址,于是上网浏览,那个周末在街角看到了同样标志的店铺。

售中:进入店铺,感觉氛围很适合自己,因店员的举手投足及亲切话语、服务而对品牌产生好感。品牌产品种类丰富,对产品的设计和颜色等都喜欢,情不自禁买下。

售后:临时做了会员登记,收到限期降价促销的通知,对促销感兴趣,而且已经成了自己喜欢的品牌,所以再次去了店里,后来逐渐频繁地浏览网站上的信息。

品牌接触点管理就是要重点管理好那些能够直接影响品牌形象,或者为消费者带来美好体验,以及提升销售的"关键"品牌识别。

从品牌整合传播实操来说,首先通过消费者洞察,梳理品牌接触点,发掘关键品牌接触点,了解如何才能更有效地接触消费者;其次将品牌识别内容系统化地部署到相应的品牌接触点上,使品牌信息持续不断地在所有品牌接触点上传播品牌识别,演绎品牌核心价值,在消费者的心中留下丰富的品牌联想和鲜明、独特的品牌个性。

### 知行合一

瑞典品牌营销专家托马斯·迦得把品牌接触点分为静态接触点、人性化接触点和数字化接触点。静态接触点是传统的、单向的,包括促销、直接邮件联系、交流产品/服务、广告宣传。人性化接触点是双向的,通常包括服务、呼叫中心、销售、管理、支持。数字化接触点则是客户之间的多边接触,有时甚至不包括品牌所有者,却包含博客、手机、邮件、社交媒体、网络。所有以品牌为驱动的触点都有助于提升客户的整体品牌体验。

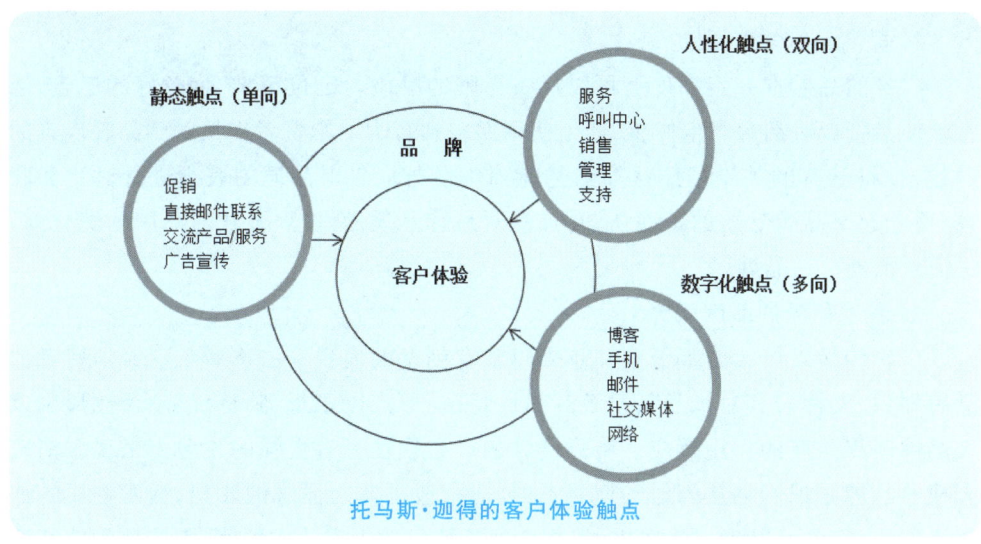

托马斯·迦得的客户体验触点

品牌性格的形成,不只需要提炼概念,变成口号说出去,更要在每个与消费者的接触点上,都提供与之相匹配的体验。品牌接触点必须相互关联,品牌的所有触点必须提供一致的品牌印记及一致的品牌体验,让消费者在接受品牌相关信息时,感受到清晰、一致的品牌内涵。如果这些接触点给消费者留下不好的品牌体验,在消费者头脑中就不可能形成一个统一的品牌形象。

## 三、品牌外部传播方式

### (一) 广告传播

品牌广告传播作为一种主要的品牌传播手段,是指品牌所有者通过一定的传播媒介,对目标受众所进行的以品牌核心价值、品牌名称、品牌标志、品牌个性等为主要诉求的信息传播活动。

广告是提高品牌知名度、认知度、美誉度和忠诚度,塑造品牌形象和个性的强有力工具,是品牌传播的最重要的方式。有人甚至认为"品牌=产品+广告",可见广告对于品牌传播的重要性。

1. 广告对品牌构建的作用

广告对品牌构建的作用主要表现在四大方面:提高品牌知名度、提高品牌知觉品质、激发积极的品牌联想和提高品牌忠诚度。

1) 提高品牌知名度

广告通过大众媒介、小众媒介、新媒介等各种各样的媒介,广泛传递品牌信息,引起消费者注意,刺激消费者购买欲望,可在短时间内建立高品牌知名度。同时,通过不断重复的广告传播,强化消费者对品牌的记忆,提高品牌的回忆度,让品牌在消费者心中处于更有利的位置,在消费者选择品牌时,能够唤起关于该品牌的记忆。

苹果的客户接触点

## 2) 提高品牌知觉品质

广告的品质在一定程度上可以反映品牌的品质。定位精准、创意好的广告,通常能使消费者对品牌产生好感,产生使用期望和行为。消费者在接触到品牌广告的时候,会将已有的关于品质认知的经验和体会与广告对品质的表现进行对比和联系,建立起对品牌品质的正面认知,加深对品牌品质的好感,强化对品牌的美誉度,进而更加地信任品牌。

## 3) 激发积极的品牌联想

广告传播以极大的覆盖面和越来越富有创意的表现手法不断丰富着消费者的品牌知识,发挥着其对产品品质及其属性特征、原产国联想、独特优势、个性形象以及品牌联想强度的作用效应。精彩优秀的广告往往具有更强的说服力来说服消费者改善品牌知识网络从而触动消费者的心灵,改善其对品牌的联想,激发购买的欲望。例如,广告可以将品牌文化、品牌个性等抽象的元素非常鲜明、直接地指向某种生活方式或价值取向,让消费者产生积极性的品牌联想,让目标消费者通过认同广告中为他们设计的文化而快速认同品牌,产生好感态度和购买意向。

## 4) 提高品牌忠诚度

广告不但能导致使用行为,而且能强化品牌忠诚。广告通过强化消费者的品质认知和使用经验,来强化消费者既有的品牌态度,进而促使反复购买和口碑传播,增加消费者对品牌的忠诚度。有研究表明,对成功的品牌来说,广告所引起的销售增量,约有30%来自新的消费者,其余的70%来自原有的消费者,可见广告对提高品牌忠诚度的作用。

### 2. 广告传播策划五大核心任务

#### 1) 明确"为何说"

为什么做广告?整个广告传播活动要达到的最终目的是什么?或者说广告的目标是什么?确定广告目标是广告传播策划的首要任务,是至关重要的起步环节。广告目标在广告策略中具有战略意义和导向作用,广告目标设定之后,广告策略才有了制定、选择的依据。

制定广告传播目标时要根据市场营销战略和市场营销目标,结合市场和竞争状况以及品牌营销现状,制定出切实可行、符合企业发展与品牌营销的广告目标。从品牌传播目标角度来看,品牌广告传播目标一般有知名度目标、认知度目标、美誉度目标和忠诚度目标等,具体可以表述为增加知名度,促进销售;改善品牌某方面的印象;让人了解产品或品牌观念,树立产品/品牌良好形象;加强或改变人们的观念,引导人们的行为;强化品牌忠诚度等。在一项广告活动中,常常会包括两三种目标,以达到迅速销售产品及树立品牌形象的目的。

#### 2) 界定"对谁说"

广告要"对谁说",即广告传播的目标对象是谁?不解决"对谁说"的问题,广告传播的目标对象不明晰,广告传播的目标对象不聚焦,就会使品牌广告如同对牛弹琴,完全无效。因此,广告策略的第二个重要环节就是精准确定广告目标对象,并对目标对象进行深度洞察,分析其行为习惯和心理特征,深入了解他们同产品与品牌之间的关系,以此发展出有效的沟通信息与风格,为后续广告策略和广告创意的发展提供根本性的方向和依据。广告目标对象分析包括以下内容:

(1)广告要跟谁沟通? 我们要了解他们的什么信息才有所帮助?

·他们是谁?(年龄、性别、社会阶层、收入、地区等)

·他们的思考与对事物的看法或态度?

·他们在做什么(行为)?

·他们的使用状况如何?

(2)他们跟产品或服务类别之间的关系如何?

·如何/何时/何地/为什么使用该产品?

·在他们的生活中,该产品扮演什么角色?

·他们对该产品的想法如何? 感觉又如何?

·他们关心哪些问题?

·他们如何在同类别中选择产品?

(3)在该产品类中,他们跟广告传播之间的关系如何?

·他们的购买动机是什么?

·在该产品类别中,我们的广告要以什么方式跟他们说话最恰当?

·该同类产品的广告传播有何共同点? 他们接受吗?

(4)他们与本品牌之间的关系如何?

·对本品牌有什么样的使用经验?

·对本品牌的信任度如何? 感觉如何?

·与竞争品牌相比又如何?

3) 明确"说什么"

广告要明确"说什么",即广告诉求。广告要传递什么样的信息到达目标对象以更好地实现广告目标? 品牌广告向目标消费者传递的应该是最能引起消费者兴趣的关键信息。这个关键信息就是企业通过广告传播活动向目标对象传播品牌所能给他们的核心利益——功能利益、情感利益、自我实现利益。在信息爆炸的时代,消费者只能记住一则广告中最为核心的信息。因此,能否提炼出准确的,并且有竞争力的核心信息,是广告传播活动能否取得成功的关键。提炼广告传播核心信息,需要注意以下几点:

(1) 广告诉求必须建立在品牌产品基础之上,离开产品,广告诉求就是无根之木、无源之水。

(2) 广告诉求还必须与消费者高度相关,不能自说自话,要直击消费痛点。品牌广告传播的利益点绝不是品牌自说自话,而是要让消费者读、听、看完广告后对品牌有所感。利益点是消费者从广告中得出的结论。

(3)广告诉求最好与竞争者形成差异化。差异化是市场竞争的有效策略,广告诉求差异化可以更好地塑造品牌的独特个性和形象。

(4)广告诉求还要提供必要的证明。有效的广告必会提供支持点来支撑其承诺的利益,支持点就是为什么目标对象会相信利益点的原因。乐百氏纯净水"真正纯净,品质保证"的支持点就是它拥有27层过滤工艺。

4)创意"怎么说"

"怎么说"涉及的是广告创意的问题,也就是,要用什么样的表现形式和表现手段才能使广告传播更加高效?广告传播过程中如何将品牌/产品的相关信息艺术而巧妙地传递给目标受众?世界著名广告策划公司McCANN曾给广告下过一个定义:以震撼人心的方式表现出来的销售点子。这里的"销售点子"可以理解为广告所要传播的品牌的核心信息,即广告诉求;而这个"以震撼人心的方式表现出来"就是广告创意。

广告创意作品使广告诉求信息更形象、更生动、更有感染力和说服力,还可以使我们的广告传播活动提高传播效率,降低传播成本。研究表明,创意广告可以正面影响情绪反应,包括态度和购买意愿。广告创意是深化消费者对企业品牌形象知名度、美誉度、品牌服务保持忠诚度的制胜之道。大卫·奥格威曾说过:什么都不能像创意这样有效,创意广告让人印象深刻,持续更久,花较少的媒介费用却很有效,并且能更快地建立粉丝群。

### 十二道"点子通缉令"

(1)解决问题:比如一个因为胃病而心烦的人,服用三九胃泰以后就心情舒畅了。

(2)实际展示:比如轿车凌空而降,撞击地板的表面,突出其坚实耐用。

(3)情报:比如纯净水的27层净化。

(4)比较:比如洗衣粉加入活化酶以后比以前洗衣干净。

(5)比喻:比如将各种名牌产品和本产品放置在一起,比喻它是名牌。

(6)实验:比如将鸡蛋放在胶垫上,以此表现球鞋的防震性。

(7)名人推荐:比如明星给产品做广告。

(8)生活片段:比如公益广告中的一对父子的生活细节。

(9)生活形态:比如用古代皇帝和现代白领的生活气氛表现住宅的华丽高雅。

(10)幽默:比如一个青年男子在寒冷的季节里喝罐装饮料,罐体粘在了嘴上。

(11)戏剧:比如短剧广告。

(12)记录:比如不同的消费者使用后的反馈等。

5) 规划"何地何时说"

何时、何地及在什么状况下目标对象最能接受我们品牌传播的信息？也就是说，我们应该使用什么样的广告媒介和怎么样使用这些广告媒介以使我们的广告精准触达目标对象，即广告媒介策略。广告媒介策略是广告传播策略的核心，直接关系到能否有效地将品牌特征信息传递给目标受众。广告媒介的选择直接决定广告目标能否实现、决定广告是否能够有的放矢、决定广告内容与采用的形式、决定广告效果。

确保消费者在最有效的时机、最有效的地点、最大限度地接触我们的广告，是整个广告传播活动成功的关键。媒介计划的目标就在于找到一种媒体组合，使广告传播以最有效的方式、最低的传播成本，将广告诉求尽量展现给目标受众。

从整合营销传播的角度看，21世纪的媒体计划应该从消费者和潜在消费者怎样与企业的品牌进行接触开始，而不是从企业主观提出的媒体计划或可购买的媒体节目着手。因此，要弄清楚那些可能会成为企业品牌的最佳消费者或潜在消费者的人可能会以何种方式，在什么时候、什么地点接触到企业的品牌，当他们出现时，品牌要努力在他们出现的地点以他们愿意接受的方式出现。所以，媒体计划的关键在于目标消费者与品牌的接触点，而非媒体系统。从品牌接触点的角度看，在互联网时代，微信、微博等新媒体的使用尤为重要。

在进行媒介策划之前，需要对目标对象的媒介使用习惯等问题做深入的研究与洞察。

(1) 媒体使用模式：

·要如何触达目标对象？无论是传统的还是非传统的媒体工具，哪一种媒体工具能引起他们的注意？

·一天当中的什么时候他们会注意到广告？在那个时候他们都在做些什么？正在开车？准备上床睡觉？跟家庭成员一起休闲？

·他们为什么会注意？为了娱乐？为了收集信息？为了了解背景？为了找到伙伴？

·哪些是他们会全神贯注，我们不能错过的媒体工具？

(2) 目标对象与该产品类别之间的关系：

·该产品类别在他们的生活中扮演的是什么角色？

·在什么时候他们会想起该产品类别？

·该产品类别要满足他们哪些需求？

·目标对象在什么时候最需要你所提供的利益？

·他们如何在同类别中选择产品？

·简言之，他们在什么时候觉得广告信息和他们有切身关系？

(3) 目标对象与品牌及其广告之间的关系：

·目标对象对本品牌及竞争品牌的看法如何？

·哪种媒体在何时、何地最能切入或改变目标对象的认知？

·你所选择的媒体是否跟你所要建立的品牌个性吻合？

(4)传播就是为了改变预期的行动：

·如何运用媒体切入他们的正常行为并加以改变？

·如何利用最好的时机触达目标对象去取代原有的行为？

知道了这些以后，企业才能根据目标消费者并结合自身的实力和各媒体的特点来进行媒体选择，挑选出最适合企业品牌传播的一组媒体，进行品牌的整合营销传播。

3. 广告策略范式

1) 营销背景

调研、分析有关产品、市场、竞争、消费等的状况，总结市场机会和存在问题。

2) 主要品牌营销问题

比如品牌的知名度问题、产品的认知度问题、品牌形象问题等通过广告传播可以加以解决的问题。

3) 广告传播目的

应将广告对目标市场发生的影响做清晰而简明的陈述。例如，广告传达给潜在消费者的信息将是什么？潜在消费者在看到或听到信息后，应产生什么样的反应？

4) 目标受众洞察

进行目标受众画像，深入洞察其行为和心理特征。

5) 主要竞争

确认本品牌所要竞争的区隔或范围，确认主要的竞争者们给目标市场的承诺，以及广告诉求策略的独特性。

6) 广告承诺/广告诉求

提供给消费者的利益或解决消费者的问题。诉求单一，信息明确，与消费需求相关，与竞品有差异。

7) 对承诺的支持点

说明广告承诺可信的理由，使广告承诺令人信服。

8) 媒介计划和预算

广告投放的媒介组合及节奏安排；广告预算，包括媒介费用、设计制作费用及相关管理费用等。

9) 创意表现和品牌形象调性

沟通利益点方式；与目标受众高效沟通的方式；广告创意应该保持品牌一贯的调性和风格，以形成对品牌形象的积累。

## (二) 销售促进

销售促进是指企业运用各种短期诱因，鼓励购买或销售企业产品或服务的营销传播活动。销售促进的范围很广、形式多样,赠送样品、打折优惠、有奖销售、派送、集点优待、陈列、展览、演示等都是销售促进的方式。美国市场营销协会认为,销售促进是指"除了人员推销、广告和宣传报道以外的、刺激消费者购买和提高经销商效益的各种企业市场营销活动。例如,陈列、演出、展览会、示范表演以及其他非正常发生的推销努力"。销售促进在引起试用、改变购买习惯、刺激购买数量、刺激潜在需求、吸引中间商、推广新产品、防范竞争者等方面具有独特的功效,尤其是在推销新产品或服务以及为了与竞争对手进行直接竞争时,销售促进的作用非常显著。

传统观点认为销售促进是一种以即时销售为目的的短程销售激励活动,其追求的是即期效用,对产品、服务的直接销售影响较大,对于长期的品牌贡献意义不大,甚至可能损害品牌形象。销售促进在短期内能产生较好的销售反应,但很少有长久的效益和好处,尤其对品牌形象而言,降价带来的销量飙升可能与建立在高品质基础上的品牌识别产生偏差,因为这可能会给人一种信息,品牌需要降低价格才能增加销量。如果销售促进活动的时间过长,会很容易被认为是企业在变相降价,甚至被看作是推销劣质商品,使品牌的形象受到损害。同时,大量让利式的销售促进活动会降低品牌忠诚度,增加消费者对价格的敏感,淡化品牌的质量概念,导致企业偏重短期行为和效益。

实际上,作为营销传播的工具之一,销售促进对巩固和强化品牌形象也具有一定的作用。销售促进活动可以增进品牌与消费者之间的互动关系,发挥奖励品牌忠诚者的作用,赢得消费者对品牌的信任和自豪感,为提升品牌形象和提高品牌价值奠定基础。销售促进活动也可以用来吸引品牌转换者,对小品牌来说,这更具有实际意义,因为它负担不起与市场领导者相匹配的大笔广告费,通过销售方面的刺激,可以吸引消费者使用该品牌。

从现代整合营销传播的角度来看,销售促进应该更多地发挥巩固品牌形象和发展与目标消费者持久关系的重要作用。销售促进不再是简单即时销售,而要与品牌忠诚相结合,实施消费者忠诚计划。

消费者忠诚计划,也叫忠诚度促销,针对消费者忠诚度展开的销售促进活动。消费者忠诚计划着眼于现有消费者,其目的就是奖励忠诚消费者,刺激消费并留住核心消费者,建立品牌与消费者更持久的关系。

消费者忠诚计划与传统销售促进的区别,就在于一个关注即时销售,另一个关注品牌维护。企业在开展销售促进活动时,如果能够重点对现有消费者开展一些有针对性、活动性、参与性的活动,增加现有消费者在消费过程中的个人体验和美好回忆,这无疑对消费者忠诚度的培养有重要作用。

总的说来,企业应有选择地、慎重地使用销售促进这一营销传播工具,既要有效地发挥它的作用,又要避免它的负面影响。

我国著名整合营销传播学者卫军英曾分享一个案例:世界某著名奢侈品牌的一款手提包,原售价28000元,因为社会经济不景气现在降价到15000元,虽然降价力度空前但是购买者仍然十分零落。从整合营销传播观念出发,如果品牌只简单地采取降价手段,试图刺激销售,这不仅不符合整合营销传播观念,也不利于品牌利益。因为购买28000元奢侈品包包的消费者,肯定不是一般的工薪阶层,对他们来说,品牌本身所带来的情感满足要远远大于其功能满足。也就是说,消费者对品牌的认同很大程度上来自奢侈品牌的高价和高端消费者的稀少。在这种情况下,品牌降价而且降价幅度接近50%,这在一定意义上不仅伤害了原有消费者的情感,而且也不利于扩展消费者覆盖面。从培养品牌忠诚消费者的角度看,留住原有消费者比获取新的消费者更加重要。因此,品牌在降价促销时首先必须考虑的是,如何保留并激励原有消费者,通过促销适当地增加原有消费者的品牌忠诚度,同时有效地实现销售目标。品牌完全可以换一个促销形式,把促销活动变成对原有消费者的一次情感沟通:给品牌原有消费者发一封信,信里写道:亲爱的××小姐,感谢您多年来对我们品牌的关爱,在这美好的春天,我们愿意为您送上一份薄礼,借此表达我们对您的关怀和敬意……并且随信附上礼券一张,价值人民币10000元,凭此券在××年××月××日之前,可以在品牌柜台购买指定产品(原价28000元)。可以设想一下这封信发出后所引起的效果:

(1)收到信的这位消费者肯定备感温馨,因为这个一直让自己自豪的奢侈品牌,真的把自己当作品牌家族的共同一员了。

(2)这张赠券同样也令这位消费者备感欣喜,因为这是价值10000元的赠券啊。

(3)因为这封信和这个赠券,这位消费者进一步增加了对品牌的认同和忠诚,她不仅自己会一如既往地光顾品牌,而且还会向她的朋友推介品牌。

(4)因为10000元的赠券毕竟不是小数目,所以这位消费者肯定不会信手丢掉的,而是会好好地考虑如何使用这张赠券。

(5)很可能有两个结果:一个结果是自己再买一个包,第一个包花了她28000元,这个只需要实际支付18000元就可以了,因此他(或她)觉得自己很值,一连数天心情都非常愉快;另一个结果是自己有包不想再买,那么就把赠券送给最要好的朋友(相当于送朋友1万元),让朋友也去买一个包。

(6)如果是后者,品牌的影响力得到了进一步扩大,那个用赠券购买了包的朋友,不仅加入了品牌消费者的行列,而且很可能和其朋友起成为品牌的拥戴者。

因为赠券面值是10000元小于它原来的接近50%的促销幅度,因此品牌没有因为这次忠诚促销而损失更多利润。此外,促销不仅没有损害品牌形象,还大大地提升了品牌形象,既巩固了原有消费者也发展了新的消费者。更重要的是,由于促销中注入了情感投资因素,使得原有消费者从一般品牌拥戴者上升为品牌忠诚者,而品牌忠诚者在日常生活和消费中的示范作用,以及他(或她)对这个品牌的热情推介,都远远大于品牌本身广告促销的推广作用。

### (三)品牌公共关系传播

品牌公共关系传播是指企业通过各种公共关系活动,主要以大众媒介为主要手段,以提高品牌知名度,树立品牌形象为目的的品牌传播活动。公共关系传播的公益特性,使其有着极高的可信度,对于提高品牌的信赖度和美誉度有重要的作用。通过一定的公共关系活动,可以把产品和其目标消费群体的生活形态、关切的事物、生活理念、环境、文化连接在一起,进而更有效地塑造自己的品牌形象,创造更高的附加价值。其主要形式有以下四种。

1. 宣传型公共关系

这是品牌公共关系传播最常用的一个形式,是指企业以非付费的方式,通过第三方在大众传播媒体上发表有关企业产品、服务、事业或活动的有利报道、展示或表扬,以影响消费者的注意、认知、观念和行为,它通常表现为关于组织或其产品/服务的新闻报道、评论或声明,包括新闻发布会、新闻稿、公共关系软文、公共关系广告等。

2. 交际型公共关系

此形式运用各种交际方法和沟通艺术,广交朋友,协调关系,缓和矛盾,化解冲突,为组织创造"人和"的社会环境。它包括社团交际和个人交际,具体活动有工作餐会、宴会、座谈会、招待会、谈判、游说、专访、慰问、接待参观、电话沟通、电子邮件、亲笔信函等。

3. 服务型公共关系

此形式主要以实际的服务行为作为特殊媒介,吸引公众,感化人心,获取好评,争取合作,使组织与公众之间的关系更加融洽、和谐,为组织提高社会信誉。它包括消费教育、消费培训、消费指导、售后服务、社区服务、家庭式服务等活动。

4. 社会活动型公共关系

此形式主要以组织的名义发起或参与社会性的活动,在公益、慈善、环保、文化、体育、教育等社会活动中充当主角或热心参与者,在支持社会事业的同时,扩大组织的整体影响。它包括赞助文化、教育、体育、卫生等事业,支持社区福利事业、慈善事业,扶植新生事物,参与国家、社区重大活动并提供赞助;利用本组织的庆典活动和传统节日为公众提供有益的康乐活动或招待活动等。

> **知行合一**
>
> 2003年初,蒙牛迅速地抓住了神舟五号载人航天飞船飞天圆梦这一千载难逢的历史机遇,果断出资赞助中国航天事业,成为中国航天首家合作伙伴。2005年,蒙牛牛奶成为"中国航天员专用牛奶"。第一次载人航天飞行的圆满成功,使中国人的巨大民族荣耀感和自信心空前高涨,蒙牛借势喊出"举起你的右手,为中国喝彩",迅速引发共鸣,拉近了与消费者的感情,使品牌在第一时间得到大家的认同,达到了树立品牌形象的目的。载人航天的成功是整个中华民族强大的象征,航天员专用牛奶更是体质强健的保障,"航天员专用牛奶""蒙牛牛奶,强壮中国人"等传播口号,将蒙牛牛奶与中华民族的强壮和因牛奶使人体的强壮联系起来,有效地传递了蒙牛牛奶"值得信赖""绿色""使身体强壮""味道好"等信息,并在消费者脑海中产生深刻的印象,在消费者心目中建立了一个正面积极的品牌形象,蒙牛品牌知名度和美誉度大幅提升,并由此树立起一个具有民族内涵的大品牌形象。随后,蒙牛的市场地位已由行业第四一举上升至第二,而液态奶部分更是攀升为行业霸主。

## (四)事件营销

所谓事件营销,是指企业通过策划、组织和利用具有新闻价值、社会影响以及名人效应的人物或事件,吸引媒体、社会团体和消费者的关注、讨论或自动转发,配合各种传播手段,使事件得以广泛传播甚至自发传播,让消费者在关注事件的同时关注和了解品牌,以求快速提高品牌知名度、美誉度,树立良好品牌形象,并最终促成产品或服务的销售的手段和方式。

事件营销集新闻效应、广告效应、公共关系效应、形象传播、客户关系于一体,具有受众面广、突发性强,在短时间内能使信息达到最大、最优传播的效果,为企业节约大量的宣传成本等特点,近年来越来越成为国内外流行的品牌传播手段。事件营销对企业品牌的影响是直接的,而且产生的效应也较为长久。事件营销有两个基本策略:

一是借势。借势就是借助引起社会公众和媒体广泛关注的社会热点事件,将品牌与社会热点事件进行关联,借助舆论热潮开展品牌传播推广活动,最终实现公众对热点话题的关注,同时关注品牌并认同品牌。借势的关键在于发现和挖掘与产品或品牌价值相关联的事件,并对时机进行精准把握。

二是造势。造势就是企业主动制造热点事件,引发媒体广泛关注和报道,引起社会大众或特定对象的注意,造成对自己有利的声势,达到提高品牌的知名度、树立良好的品牌形象的目的。造势必须遵循创新性和公共性原则。创新性就是指组织所设置的话题必须有亮点,只有这样才能获得公众的关注;公共性是指避免自言自语,设置的话题必须是公众关注的,否则无公众参与,没有任何意义。

事件营销有两个关键要素,即相关性和参与性。相关性是指事件营销所借助或制造的社会热点事件必须与品牌密切相关。事件营销必须紧扣产品的核心优势和品牌的核心价值,如蒙牛的"借力神舟五号"等事件营销就极大地提升了消费者对品牌核心价值的认知。如果关联性不强,就很难将消费者对事件的关注转移到对品牌的关注上来,不利于品牌形象的强化,达不到事件营销的目的。参与性是指企业策划的事件要能够吸引社会公众广泛参与,只有消费者广泛参与的传播推广行为,才是具有"势能"的事件营销。

事件营销在执行中,要在法律和道德允许的范围内进行合理创意,要避免过度消费公众的情感尤其是同情心,更不能欺骗公众;要坚持正确的价值观,避免不正当示范;要避免庸俗、低俗、媚俗化,尤其是要谨慎避开敏感话题,否则,事件营销会反噬品牌,降低品牌的可信度和美誉度,这就得不偿失了。

### (五)新媒体整合传播

基于现代数字化、互联网、通信等技术发展起来的新媒体有着与传统媒体不一样的传播特性,以及丰富多元的形态与方式。新媒体是互动性、参与式、个性化的媒体,传播方式由一对多转变为多对多,传播内容更具针对性,价值更具体。

新媒体的应用打破了原有的广告、公共关系、人际传播及营销运作之间的界限,不仅传播范围广、传播速度快,更以其精准的策划、独特的创意、积极的互动,以及基于大众文化与兴趣的娱乐性,大大提高了品牌的认知度和美誉度。

1. 新媒体的传播特点

新媒体以其形式丰富、互动性强、渠道广泛、覆盖率高、精准到达、性价比高、推广方便等特点成为当下企业品牌传播的优选传播平台。

1) 传播与更新速度快

借助互联网技术,信息传播变得非常迅速,完全可以做到实时传播、实时接收、实时反馈。

2) 信息量大,内容多元化

从传统媒介到新媒体,最大的变化同时体现在传播内容的多元化和融合化。借助新媒体形式,同时传播带有文字、图片、声音等于一身的信息已成为可能,提高了信息量,提升了信息广度。

3) 互动性

传统媒体信息传播的方式是单向的、线性的、不可选择的;而新媒体传播方式是双向的,每个受众既是信息的接受者,同样也是信息的创作者和传播者,进而互动性

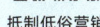

抵制低俗营销

强、传播效果明显。

4)个性化

"人人都是自媒体、人人都在自传播""我的地盘我做主",新媒体特别是自媒体的传播内容和传播形式体现了极强的个人特征和喜好。

2. 实施新媒体品牌传播

新媒体品牌传播的核心就在于"激活",激活用户,激活供应商,激活合作伙伴主动自发地为品牌进行传播,实现品牌的自传播、病毒式传播和裂变式传播。

首先,根据品牌与目标受众的个性特征,建立品牌传播的新媒体传播矩阵(见图4-2、图4-3),形成品牌全时空、全覆盖的传播阵地。所谓新媒体传播矩阵是指能够触达目标消费群的新媒体的组合。通过新媒体传播矩阵可以优化品牌传播的效果,实现内容多元化、风险分散、协同放大传播。

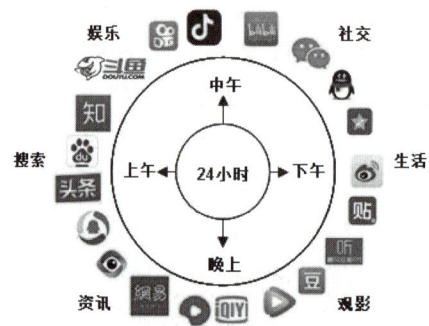

图4-2 品牌全时全景覆盖传播新媒体矩阵

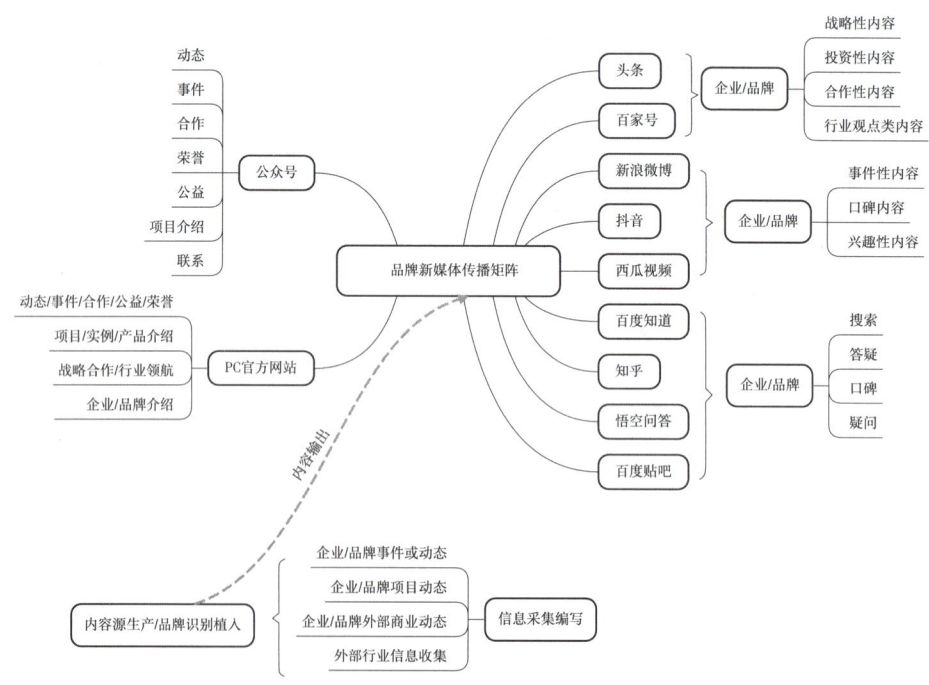

图4-3 品牌新媒体传播矩阵

新媒体种类繁多,未来随着科技的发展,会有更多的数字化媒体出现,因此,在运用新媒体做品牌营销传播的时候,首先必须坚持以品牌核心价值为中心,从品牌整合营销传播的角度来全盘考虑新媒体的组合和运用,确保传递给目标受众的是一个有个性的、清晰的、统一的品牌形象。表4-1为主要自媒体类型及特点。

表4-1  主要自媒体类型及特点

| 新媒体类型 | 平台 | 特点 |
| --- | --- | --- |
| 图文类自媒体 | 微博、微信公众号、头条号、搜狐号、百家号、一点号、大鱼号、网易号、大风号、简书 | 依托于客户端巨大的流量,能在短时间内给品牌带来极大的曝光,从而吸引用户成为品牌的粉丝 |
| 问答类自媒体 | 悟空问答、知乎、百度知道 | 专业性极强,同时也非常容易引导用户转化 |
| 短视频类自媒体 | 抖音、快手、火山、秒拍 | 丰富的展现形式,多维度的叙事风格,高互动性及高黏度 |
| 视频类自媒体 | 西瓜视频、爱奇艺号、哔哩哔哩、梨视频、微信视频号、腾讯视频、优酷视频 | 能将产品更全面、更立体化的形态传递给用户,让用户更真切地感受到内容传递的情绪共鸣,从而让客户与品牌建立情感纽带 |
| 直播类媒体 | 淘宝直播、抖音直播、火山直播、微信直播、京东直播、腾讯看点 | 在直播中,信息传播是双向、可交流、可互动的,受众参与感明显,消融了品牌与用户之间的边界 |
| 音频类自媒体 | 喜马拉雅FM、蜻蜓FM、荔枝FM | 具有得天独厚的传播优势,且用户群体更为年轻,随着ASMR类音频的迸发,音频内容也成了很多创作者争夺流量的新阵地 |

其次,做持续的、个性化的、有创意的内容输出,激发目标受众参与、互动、评论、分享。

最后,借助内容载体的娱乐性特质,植入自己的品牌精髓,全方位渗透品牌的核心价值、个性形象,进而在分享传播中将品牌植入用户心中。

## (六)人际传播

人际传播是人与人之间直接沟通,主要是通过企业人员的讲解咨询、示范操作、服务等,使公众了解和认识企业,并形成对企业的印象和评价,这种评价将直接影响企业形象。

人际传播是形成品牌美誉度的重要途径，在品牌传播的方式中，人际传播最易为消费者接受。满意的员工带来高质量的服务，高质量的服务带来高度的消费者满意，高度的消费者满意带来高度的品牌忠诚度。

### （七）IP营销

IP营销里的IP是Intellectual Property的缩写，是指"知识财产"，包括音乐、文学和其他艺术作品，发现与发明，以及一切倾注了作者心智的语词、短语、符号和设计等被法律赋予独享权利的"知识财产"。在网络语境中，IP的含义得到了进一步的泛化，只要具备内容衍生型、知名度和话题的品牌、产品乃至个人等，能够在多个平台进行自主传播，获得关注和流量并得到商业变现的内容，都能够称之为IP。

品牌IP营销的实质是通过人格代理持续产出优质内容来输出价值观，通过价值观来聚拢粉丝，粉丝认可了价值观，实现了身份认同和角色认可，然后就会信任其产品。同时，IP营销具有话题性和传播性，有庞大的粉丝基础和市场，是一种可以产生裂变传播的新型营销方式。

品牌可以通过IP营销，打造品牌与消费者之间的社交联系，增加品牌的人格化魅力；通过IP赋予品牌更多的亲和力；通过持续的内容、情感、情怀、趣味等品牌输出吸引并深度黏合用户，细水长流地获得长期用户流量。后文将对此做详细阐述。

### （八）口碑营销

口碑营销，又常被称为病毒营销，是一个既古老又现代的营销传播方式。菲利普·科特勒将21世纪的口碑营销定义为，由生产者以外的个人通过明示或暗示的方法，不经过第三方处理、加工，传递关于某一特定或某一种类的产品、品牌、厂商、销售者，以及能够使人联想到上述对象的任何组织或个人的信息，从而使受众获得信息、改变态度甚至影响其购买行为的一种双向互动传播行为。

通常认为，口碑营销的原理如下：一个对产品或服务有正面体验的消费者，会将他的故事告诉至少5个人；如果是负面体验的话，他会告诉至少11个人；而那些听到故事的人又会再告诉5—11个人，以此类推。故事呈几何级数的速度传播，最终在很短的时间内传播给大量受众。

口碑营销具有成本相对较低、可信度相对较高、群体特征明显以及自发传播的特点，可以精准针对目标人群，展开快速有效的品牌信息传播。

最传统的口碑营销工具就是口口相传；今天的口碑营销则主要依赖于互联网。互联网的传播速度及巨大信息流量能够使口碑信息传播得更快，所覆盖的潜在消费者更广。互联网上效率更高和效果更好的口碑工具包括微博、微信、小红书等。

品牌口碑营销的关键有以下四点。

1. 做好产品和服务

良好的产品和服务是口碑产生的基石，当产品和服务超出消费者的期望值，就会产生好的口碑;当产品和服务达不到消费者的期望值,坏口碑就产生了。

2.讲好品牌故事

讲品牌故事,就是讲品牌的情怀,这也是品牌口碑营销的重要驱动力。用情怀去打动消费者,包括共识、痛点、个性需求等,引发消费者的心灵共鸣,拉近品牌与消费者之间的心理距离,建立品牌的认同。相比广告推广,以故事性的形式来传播品牌和产品,更容易给人留下深刻印象。

3.创造独特的品牌体验

消费者的品牌体验贯穿消费前、中、后三个阶段,体现在消费者的感官、情感、思考、行动和关联五个方面(见表4-2)。个性化消费、互动参与、蕴含情感、无穷乐趣、意外之惊喜等,是引发消费者分享、推荐,形成口碑传播的几个重要因素。

表4-2 品牌体验的五个层面

| 体验层面 | 相关概念 | 操作层面 |
| --- | --- | --- |
| 感官 | 主要来自5种感官的知觉刺激,包括视觉、听觉、触觉、味觉、嗅觉,经由知觉处理后而产生的反应结果 | 味觉、嗅觉、视觉、听觉、触觉 |
| 情感 | 由事件、触媒及目标所组成的情绪 | 消费情境、消费空间 |
| 思考 | 经过专心、注意内化后的感受 | 创造惊奇感,激发好奇心 |
| 行动 | 来自个人与他人、某种社群或社会实体,通过品牌的购买与使用产生关联而获得的感受 | 身体体验、生活形态、与他人间(服务人员)的互动 |
| 关联 | 来自人们所经历及由此引发的信息、个人长期累积的生活方式,以及与他人和社群接触、交往后的感受 | 群体归属、社会识别、文化价值 |

4.提供适当的激励

基于网络上的口碑传播,可以设计一些激励措施,使消费者通过分享、推荐好友获得一定的利益,从而促进口碑传播。比如分享后可以给予返现、优惠、赠送礼品等实惠。

## 四、品牌内部传播方式

品牌的内部传播,指的是围绕着品牌核心价值,在企业内部进行品牌推广传播,目的是建立起企业内部统一的品牌价值观。

统一的品牌价值观将会为我们的品牌塑造强大的品牌形象,形成全员品牌意识,让品牌建设具有一致的行为。通过深刻地影响企业内部的各级员工,将品牌影响辐射到企业外围。将每一个对外的接触点的影响力发挥到最大,潜移默化地达到品牌宣传效果。

如果企业员工不能很好地认识、理解和表达自己的品牌形象,他就无法向公众展示良好的品牌形象。品牌形象就是要向市场发出一个声音,就是要求企业所有员工都有使命感,这种使命感又来自荣誉感,它能够对员工产生强大的凝聚力。只有和员工达成共识,才能使他们成为一个整体,使不同部门的成员向着一个方向努力。所以企业应把品牌的内部传播工作放在首要地位,即在得到外部认同之前,先在内部推行,得到内部认同,因为内部认知的差异可能误导外部品牌传播策略的实施,导致品牌表现参差不齐,严重影响品牌形象的建立和提升。

品牌内部传播主要包括以下四个方面。

### (一)企业内部媒体的品牌传播

企业报纸、企业杂志、企业网站、企业宣传栏、企业展厅等都是内部品牌传播的重要阵地,企业品牌管理者要结合这些媒体的实际状况,系统地规划品牌传播的内容,以从整体上提升品牌。

### (二)企业内部活动中的品牌传播

企业一般都会举办各种会议和活动,例如,公司周年庆典、元旦迎新晚会、中秋聚会、公司运动会、新员工入职仪式、公司营销年会、公司年终总结大会、部门例会等。这些都是企业进行内部品牌传播的良好机会,企业品牌管理者必须结合品牌核心价值、定位和战略需求,进行系统规划,从而在公司内部成功传播品牌。

### (三)企业固定场所的品牌传播

企业厂房、楼梯、电梯、办公楼走廊、食堂、洗手间、会议室、接待室、办公室等企业固定场所也是内部品牌传播的重要阵地,同样不可忽视,需要进行系统规划,有重点地展示品牌,起到潜移默化的作用,从而有效提升品牌形象。

### (四)企业员工层面的品牌传播

品牌在体现人的劳动成果的同时,还集中展现着品牌塑造者的综合品质,甚至可以更直接地说,品牌是其全体品牌塑造人员人品的直接展现。企业员工的衣着打扮、言谈举止等都是品牌内部传播的"活广告",必须遵照品牌战略来加以严格规范和管理。

## 五、品牌广告语创作

### (一)品牌广告语的本质

品牌名称、品牌Logo、品牌广告语三者并称为品牌的核心传播符号。品牌广告语是为了加强目标受众对品牌的印象而在品牌传播中长期、反复使用的一句简短口号性语句。它基于长远的消费利益,向消费者传达一种长期不变的观念。它是品牌核心价值的高度浓缩,品牌的所有主张或理念主要通过品牌广告语来承载和表现。

一条有穿透力、有深度、有内涵的品牌广告语,其传播的力量是无穷的,而且往往会成为目标消费者的某种生活信条、处世原则,直至成为生活方式、生活目标。

> **知行合一**
>
> 安踏——我选择,我喜欢。
> 美特斯·邦威——不走寻常路。
> 抖音——记录美好生活。
> 美团——美好生活小帮手。

### (二)品牌广告语的特性

品牌的广告语千差万别,但作为向大众传递品牌信息的关键语句,它们又都体现了以下一些共同的特性。

1. 简短有力的口号性语句

广告语要简短精悍,容易辨识和记忆,体现口语化的风格,朗朗上口,便于传播。

> **知行合一**
>
> 农夫山泉——农夫山泉,有点甜。
> 脑白金——今年过节不送礼,送礼只送脑白金。
> 王老吉——怕上火,喝王老吉。
> 冷酸灵牙膏——冷热酸甜,想吃就吃。

2. 单一明确的品牌信息

广告语所传播的是品牌的单一而明确的信息内容,没有必要也不太可能承载全部的品牌信息。好的广告语,能清晰准确地传递关键信息。

> **知行合一**
>
> 海尔——真诚到永远。
> 格力——格力,掌握核心科技。
> 李宁——一切皆有可能。
> 飞利浦电器——让我们做得更好。

3. 长期广泛的反复使用

品牌广告语在一个相当长的时期内反复使用,很少轻易改变,目的是强化品牌核心价值的传播。受众对品牌从认知到认同再到记忆,是一个较为漫长的过程,需要长期的、反复的传播灌输。

### (三)品牌广告语的创作技巧

(1)直接陈述切身利益。

> **知行合一**
>
> 瓜子二手车——没有中间商赚差价。
> 金嗓子喉宝——入口见效。

(2)直接采用定位陈述。

> **知行合一**
>
> 金六福——中国人的福酒。
> 非常可乐——中国人自己的可乐。

(3)强调情感,强调感受,强调社会属性。

> **知行合一**
>
> 南方黑芝麻糊——一股浓香,一缕温暖。
> 戴比尔斯钻石——钻石恒久远,一颗永流传。

(4)口语化表达。

**知行合一**

人头马——人头马一开,好事自然来。
王老吉——怕上火,喝王老吉。

(5)广告语植入品牌名。

**知行合一**

两面针——一口好牙,两面针。
361°——多一度热爱。

(6)采用谐音等使其顺口。

**知行合一**

大宝——要想皮肤好,早晚用大宝。
万家乐——万家乐,乐万家。

(7)采用比喻描述。

**知行合一**

宁城老窖——塞外茅台。
德芙——纵享丝滑

## 六、品牌故事写作

从商业化的角度来看,品牌故事就是将品牌的价值观、品牌理念,通过品牌创始人经营理念、企业重大发展节点等情节的故事化讲述,将与品牌相关的时代背景、文化内涵、社会变革、经营管理的理念进行深度展示,是品牌高效表达和传播的一种方式。

品牌故事赋予了品牌生机,增加了品牌人性化的感觉,也把品牌融入了消费者的生活,使得包括其目标消费群体在内的受众加深对品牌的印象,对企业倍加关注和重视,达到良好的品牌传播效果。符合企业价值观、具有亲和力的故事,能增加消费者对品牌的认同。

菲利普·科特勒曾指出,本质上,故事营销是通过讲述一个与品牌理念相契合的故事来吸引目标消费者。在消费者感受故事情节的过程中,潜移默化地完成品牌信息在消费者心中的植入。

### (一)讲好品牌故事四原则

1. 要讲真实发生的故事,或者保证情感真实

只有真实的品牌故事,才更能打动人,才更有差异性,更具感染力。即便不是100%真实,经过了加工和创造,但也要遵循真实性的原则,保证所传达的情感是真实的。"励志橙"——"褚橙"如果没有褚时健真实的个人经历,单凭虚构的设计,是无法让人感受到震撼和励志的。

2. 品牌故事要附着产品

品牌故事并非空中楼阁,需要实体的支撑和支持。产品往往作为品牌的真实依托,呈现出品牌故事所传达的品牌理念。因此,品牌故事必须附着于产品,通过产品包装、产品细节、产品卖点、产品口碑等环节的塑造,提升品牌故事的可感度。"褚橙"通过产品包装设计,承载一些和"励志"相关的话语,让产品充满温情,突出了"褚橙"的与众不同、励志精神。如此一来,"褚橙"作为"励志橙",就真真正正地拥有了人格魅力。

3. 要与消费者发生共鸣,让消费者有所触动

很多时候,越平实的品牌经历,越普通的创业历程,往往越能让消费者感同身受;而艰难的创业历程、创始人在某一方面差于常人,更能与成功之后的形象形成鲜明对比,从而有助于强化消费者的情感共鸣。

4. 要有独特的品牌个性,与竞品形成差异

品牌故事一定要体现品牌与众不同的个性,才更能给消费者留下深刻印象;而同时,品牌方在产品设计、功能、包装、销售、传播等环节或方面,都要充分体现其品牌的个性。只有这样,品牌故事才更容易获得传播。

### (二)品牌故事的主要形式

品牌故事文案的写作角度并不单一,可从多个角度进行品牌故事的塑造,如历史、理念、卖点、人物和传说,下面我们将分别进行介绍。

1. 品牌历史故事

厚重的品牌历史是品牌的一大宣传利器,而受众又多对有悠久历史的品牌更有信任感,也对其在历史长河中发生的故事更感兴趣,因此,品牌故事可以对品牌从创建到走向成功的过程中发生的感人的事、遇到的困难、取得的成就等进行讲述,以展现品牌精神,获取受众好感。

　　1985年12月的一天,海尔的厂长张瑞敏收到一封用户来信,反映电冰箱出现问题,他带领人员检查仓库,发现400多台冰箱中有76台不合格,于是在集合所有员工后,现场怒砸。

2. 技术或原材料的发明或发现故事

以技术或原材料的发明或发现为叙事,赋予品牌以神秘或传奇的色彩,凸显品牌与众不同的优良品质。

　　可口可乐,出自一位医生发明的神秘配方。当时,潘伯顿医生给一位病人看病,开了一瓶药水让其服用,出乎他的意料,买的人越来越多,医生心想:难道这药水既可以治病,又是可口的饮料? 于是,他大胆地开了一家"药水"制造厂,后来自己的"药水"就走遍了世界。

3. 卖点故事

有些企业也会选择直接通过卖点的塑造来写品牌故事,凸显产品工艺、优越产地、独特原料、核心技术、制作水平等产品卖点。

　　产自内蒙古阿尔巴斯的小山羊绒,每根羊绒纤维平均细于14.5微米,长于36毫米。这是1436品牌名称的由来,也成为钻石级小山羊绒的精品规格。"白如雪、轻如云、软如丝",长度和细度优势兼备的小山羊绒稀有品,体现了天赋柔善的品质,亦成就了1436品牌。当肌肤与小山羊绒拥抱的那一刻,抚慰心灵的触感将成为难忘的记忆。

4. 品牌创始人的创业故事

创始人的创业故事主要是体现了创始人创立品牌的初衷,弘扬企业文化,以情感为纽带贯穿企业经营模式和管理理念的阐述,将品牌愿景作为点睛,勾画出梦想蓝图,一般作为静态的品牌核心故事进行传播。湾仔码头创始人的创业故事传递了品牌不屈不挠,努力向上的精神品质。

　　1977年,臧健和独自带着两个年龄分别是4岁和8岁的女儿在港落地

生根。起初，臧健和在酒楼做杂工，不久因病不能再做粗重工作，找工难上加难。后来朋友到她家造访，对其亲手煮的水饺赞不绝口，提议她到街边摆摊，做累了又可以休息，为她的人生重燃希望。臧健和推着自制的"揾食"木头车，开始在当时人来人往的湾仔码头卖水饺养家。渐渐地，吃的人多了，水饺的配方也因香港人的口味而不断改良，她曾创下6小时卖1000份水饺的最高纪录。1982年，机缘巧合下，臧健和获得了进军日资大丸百货公司的机会，自此，她的水饺事业正式腾飞。为了感谢让她走出困境的码头，水饺品牌取用"湾仔码头"。

5. 以情感为切入口，挖掘感性的故事
赋予品牌以情感元素，以情动人。

> 知行合一
>
> 德芙的英文名为DOVE，代表着Do You Love Me，即因爱而生。20世纪40年代，一天希腊裔美国人莱昂看到儿子在大街上，紧迫在一辆贩卖冰激凌的卡车后面，出于对儿子安全的担忧，以及为了不让儿子再为买到一支冰激凌而在马路上奔跑，他决定开发一种巧克力冰激凌。经过几个月对产品配方的不断调整和改良，这款因爱而生的优质巧克力冰激凌终于问世，并被莱昂命名为德芙。

### （三）品牌故事的写作技巧

完整的故事结构有助于故事叙述，但并不意味着基于此创作的故事就是优秀的故事。一篇好的品牌故事，有下面三个方面的写作技巧。

1. 选择复杂的语境

语境即语言环境。狭义的语言环境主要是指进行语言活动所需的时间、场合地点等因素，也包括有助于表达、领会的前言后语和上下文，是语言活动的现场。广义的语言环境则是社会的性质和特点，使用者的职业、性格、修养和习惯等。在品牌故事文案写作的过程中，尽量不要使用单一的语言环境，而是要对故事的发生、发展进行多种可能性的描述，提高故事的可读性和复杂性。

2. 揭示人物心理

在故事的刻画过程中，对人物的思想活动进行描写可以揭示人物心理，帮助塑造人物形象，再现人物的内心世界，增强故事的感染力。描写人物心理的方法有很多，但在运用这些心理描写方法时，文案人员要注意场景。一般在讲真实的创始人故事时，要有真实的材料依据，如访谈、采访等，不要为了推动故事的情节发展主观臆断、过分编造。

### 3.增强可读性

可读性是指故事内容吸引人的程度,以及故事所具有的阅读和欣赏价值。特别是在当今的互联网"快餐时代",如何将品牌故事文案写得生动有趣,引起受众的共鸣是大部分企业都在思考的问题。提升品牌故事文案的可读性可从以下三点出发进行考虑。

1)故事的新颖度

新颖的品牌故事能够让人眼前一亮,给人一种醒目的感觉,让自己的品牌故事不落俗套、充满创意。它不仅能让文案在众多同类型的文案中"脱颖而出",还能加深受众对品牌的印象。

2)情感的丰富性

故事是否丰满、人物形象是否立体、矛盾是否激烈、情感叙述是否能够深入人心并引起受众的共鸣,是文案能否打动受众的关键。

3)语言叙述得体

品牌故事文案的语言不能使用太专业或技术性强的词汇,而是应该尽量简单、通俗易懂,让受众能够快速明白所讲述的内容。

## 七、品牌IP形象设计

### （一）品牌IP营销

如前所述,品牌IP营销的"IP"是指包括音乐、文学和其他艺术作品,发现与发明,以及一切倾注了作者心智的语词、短语、符号和设计等被法律赋予独享权利的"知识财产"。随着时代的发展以及人们的利用形式的创新,IP已完成了自身的再定义,即现象级营销概念,包括小说、漫画、综艺、电影等多种形式,凡是自带流量能引起观众情感认同的一切产品、品牌与个人都可称为IP。

从视觉角度讲,IP可以是动漫形象、影视角色等。

从文化角度讲,IP可以是迪士尼、故宫、跑车俱乐部等。

从形态角度讲,IP可以是栏目、会展、讲座等。

从企业角度讲,IP可是企业管理者、品牌代言人等。

品牌IP营销,顾名思义就是利用IP来进行品牌传播,以提高品牌知名度、认知度和忠诚度的一系列品牌营销活动。

品牌IP营销的商业逻辑是通过系统化IP构建、话题打造、延伸产品、互动链接等运营,以人格代理方式持续产出优质内容来输出价值观,推动品牌的社会化传播,从而最终实现品牌价值传递和变现。品牌IP营销具有话题性和传播性特征,拥有庞大的粉丝基础和市场,是一种可以产生裂变传播的新型营销方式。

### (二)品牌IP构建的方法

1. 聘请名人代言品牌

社会名人是指在社会公众和媒体中具有一定知名度和影响力的社会公众人物,包括科学家、社会活动家、歌星、影星、体坛名将等。名人具有广泛的社会知名度和影响力,公众关注度高,自带巨大流量,因此,通过聘请社会名人代言品牌,可以快速建立品牌IP。聘请名人代言品牌,需要特别注意以下三点。

(1)品牌代言人的形象、个性必须与品牌的价值观、形象相匹配,二者不相匹配的不宜选择做代言人。汽车品牌五菱在谈到选择某知名演员作为品牌代言人的时候,曾说:"作为演员,她凭借着极具质感的形象和多面演技,赢得了很多观众的喜爱。正是基于双方对于'认真做事'价值观高度一致,未来五菱品牌将与代言人一起,树立全面国际化形象的同时,将以全球银标为载体,打造更多高品质产品,塑造全出行新生态。"

(2)名人的负面新闻不可预测,须承担负面新闻风险,做好公共关系预案。

(3)量力而行,要根据品牌的发展现状和资源条件选择代言人,避免"小马拉大车",造成浪费。

2. 打造企业领导人IP

企业领导人IP,就是指那些具备独特内容能力的企业家们,他们自带话题和流量价值,以独特的人格吸引着媒体和用户粉丝,是媒体的关注点,同时也是连接企业和用户最好的纽带。据调查,66%的消费者认为公司领导人的威望会影响他们对公司本身及其产品的看法;公司员工普遍认为公司的威望有49%取决于企业领导人的威望,而公司的市场价值中最高有60%取决于公司的威望。

任正非、雷军、董明珠、乔布斯等都是运作很成功的企业领导人IP。以企业领导人为广告主角的品牌广告,是企业常用的品牌广告形式之一。

企业领导人IP的包装要素:

(1)理念层面,通过个人的思想魅力、战略眼光彰显企业品牌理念。

(2)行为层面,通过企业事件中的决策体现对企业理念的有力支撑。

(3)视觉层面,企业领导人是品牌最重要的公众接触点。

3. 知名IP联名授权

通过联名授权的方式,获得知名IP的使用权利,展开品牌IP营销,借助知名IP的形象和热度,帮助品牌迅速提升知名度和影响力,促进产品开发与销售,快速占领市场。

利用此种方式进行品牌IP营销的时候,要注意两点。第一,因为IP具备一定的属性、定位,也有自己对应的群体,所以进行授权合作必须考虑IP与品牌形象和个性的匹配合适度。第二,品牌企业要清晰自身的品牌IP营销目标。如果企业希望进一步增加市场占有率、提高品牌地位,那么在选择授权IP时就要挑选符合产品调性,甚至和产品有着相同受众的IP;如果是在市场上尚未形成一定的知名度的新品牌,那么企业希望与高知名度IP进行授权合作。识别度高的知名IP,能让消费者想去拥有并主动购买产品,这样就会让被授权品牌获得更高的知名度,并且提高销售额,形成被授权商、消费者双赢的局面。因此,企业要注重挑选一些还未在市场有广泛授权,影响力较广的IP进行长期合作;如果企业现有的产品市场已经接近饱和,想开拓新的市场和新的产品线,那就可以选择一些当下比较热门的、话题比较多的IP来合作,结合新产品快速制造话题,进行强势营销。

### 知行合一

2020年5月,李子柒品牌与《人民日报》新媒体联名推出螺蛳粉。联名款螺蛳粉包装设计延续了李子柒品牌一直以来的中国风,同时融合了《人民日报》的特色,采用报纸头条的形式,以"真香报道"来介绍螺蛳粉,不仅凸显了螺蛳粉的风味特征,还加入了非遗美食元素,既接地气又上档次。联名款螺蛳粉还根据嗦粉的场景,推出了限定周边物料——牛皮纸桌垫、纸巾包、大木汤勺,仪式感十足。联名款螺蛳粉,上线数天便售出300多万袋,销售额破5000万。

李子柒与《人民日报》新媒体联名推出螺蛳粉

#### 4.自行创作品牌IP形象

企业可以通过自行创作品牌IP形象来完成品牌虚拟代言的设定,增加品牌传播的生动性和记忆度。这种方式的好处是相对自由,企业可根据品牌的定位来创作,不利的因素是企业需要较多的资源来实施。

江小白是企业自创IP比较成功的案例。通过以江小白这个人物形象为中心的系列动漫、广告文案、音乐等丰富且形式多样的内容输出,打造了深受消费者喜爱的"文艺青年江小白"形象,为品牌注入了鲜明的人格特征,帮助品牌在短时间内从竞争激烈的白酒市场中迅速崛起,如图4-4所示。

图4-4 江小白IP

除了像江小白这样全方位、立体化打造品牌自身的IP,企业还可以从以下几个方向来打造自己的IP。

1) 品牌名称IP化

对新品牌新产品来说,一个人性化生动的IP化名字,可以达到事半功倍的效果,尤其有利于高频次复购的消费品。品牌名称IP化有形象派和场景派之分:形象派就是那些名字带人或动物化属性的,比如三只松鼠、江小白、张君雅小妹妹、天猫等;场景派就是那些名字带情感场景属性的,比如良品铺子、气味图书馆、马蜂窝、穷游、知乎、湾仔码头、无印良品等。一个成功的IP化品牌名称并不好起,因为既要和产品有高贴合性,又要有高感染力。

2) 产品IP化

产品与IP合二为一,让产品成为有号召力的IP,即产品IP化。产品IP化并不是将卡通附在产品包装上,而是使产品成为内容的载体,产品即IP内容;通过独特的、创新性的内容输出,提升用户的产品体验,促进销售,这样不仅能省下大量推广费用,还能在购买过程中,与消费者不断发生新鲜的互动。一个典型的产品IP化创新案例是M&M巧克力豆公仔。M&M将巧克力豆这种产品创造为足够可爱的、拟人化的小精灵——M&M巧克力豆公仔,从而让人们将对小公仔们的喜爱,直接转化为对产品的喜爱,然后形成对品牌的喜爱。产品IP化的另一个有代表性的例子,是江小白的表达瓶,通过持续的内容(语录)输出,让瓶身成为内容的"连续剧",完成和用户的深度情感连接。

3) 活动IP化

企业可以打造一些长期的、有魅力、有黏性的活动,使活动IP化。"双十一"购物节就是极具代表性的长期活动IP化的例子。

4) 发展IP衍生品

IP衍生品除了可以提高IP商业变现能力,还可以增加品牌曝光率,融入品牌文化体系,是品牌后期传播的利器。例如,泡泡玛特是将IP化作成盲盒、手办、艺术品等高水准的潮玩产品,以及漫威旗下的各种钢铁侠、美国队长的玩具等。

## 八、品牌广告片策划

### (一) 品牌广告片类型

品牌广告片在商业上的应用是十分广泛的,根据主角和目的不同,可以分为品牌形象广告片、产品广告片、活动广告片等。顾名思义,目的就是宣传品牌形象、产品、活动。过去广告片的主要投放媒介是电视;现在,除了电视,广告片更多会投放在网络各大视频平台和线下的各种大小屏幕。广告片的形式也呈多样化。

(1) 产品广告片:以凸显某款产品的特性,更好地为营销服务为主。

(2) 品牌形象广告片：以强调品牌定位、提升品牌美誉度为主。

(3) 企业宣传片：以全面或侧重某一视角来介绍企业的状况及未来目标为主，一般时间为3—30分钟不等。

(4) 品牌微电影：以凸显品牌价值观为主，盛行于2010年左右，采用电影的语言进行强化，有一定的观赏性，但侧重于后期的推广，一般小额预算难以起作用。

(5) 短视频广告片：通常侧重产品类销售，因为无论是线下电梯楼宇广告，还是各类App平台，人们关注点都较为分散，在极其有限的时间内，尽快地传播产品利益，已成为短视频广告片的创作要点。

## (二) 产品广告片、品牌形象广告片与短视频广告片的区别

1. 产品广告片

产品广告片的目的是建设产品形象、展示产品优势、表达产品特质、促进产品销售。

产品广告片的内容要在最为凸显的特质和优势上下功夫，针对市场上主要竞品，通过提炼梳理目标客群的最大痛点，总结出该款产品最为强大的"单点优势"，并将优势放大，以形成独特的销售主张。

产品广告片文案偏向于写实，即通过具象的描述和让消费者能理解的语言展示产品特点。时长一般在30秒以内，不能赘述，更不能以"故事"的逻辑概念来展开创作。

2. 品牌形象广告片

品牌形象广告片的目的是达到品牌形象定位、品牌文化、品牌理念等综合信息的传达和展示，给消费者留下深刻的印象，提升消费者的信任感，有效助力本品牌及其产品的可持续发展。

品牌形象广告片与产品广告片最大的区别就在于"不是那么功利"，没有特别强调"消费利益"，更多是采用润物细无声的手法，来传达品牌价值观，以此提高品牌美誉度。但必须明白，此类广告并不能短时间地提高营销效果，而且在投放方面，应尽量避免较多干扰的投放环境和载体。例如，人员流动较大的办公楼电梯间就并不适合品牌形象广告的投放。

广告片文案主要从品牌定位、品牌文化、品牌理念、品牌价值等方面进行阐述，偏向于描绘品牌的广阔前景，突出品牌价值。

3. 短视频广告片

短视频广告片的目的更多时候是获得高关注度、高流量、高频率输出，从而产生收益。特点是"短平快"，内容碎片化，可以传播一些简单的、局部的信息，无法实际展现事物的本质，是一种感性的认识和传播。

据统计，目前人们关注短视频，绝大部分是为了娱乐放松、打发时间。因此，短

视频的内容设计只有结合消费者关注短视频的主流因素,迎合消费者碎片化、轻量级和轻松化的内容消费需求,才能带来可观的流量,达到传播目的。

广告片文案通过精练、易懂、有吸引力、有共鸣的文案获取高关注度和流量。其内容涵盖范围广,主要内容有幽默八卦、社会热点、技能分享、广告创意等。

### (三) 广告片脚本设计的技巧

广告片拍摄制作前,广告片策划者要用文字去表达目标受众将要看到的画面和听到的声音音乐和音响,这就是广告脚本。根据广告脚本拍摄的视频素材再经过剪辑、配音、配乐、加字幕或插入动画特效等环节才能成为最终可以发布传播的广告片。

优秀的广告片可以直接提高广告片的传播力度,达到预期的推广效果。而决定广告片高度的直接对象就是广告片脚本了,广告片脚本就是整部广告片的灵魂,是至关重要的一环。

1. 广告片的构成要素

广告片通常由视觉要素和听觉要素构成,视觉要素包括屏幕画面和字幕,听觉要素包括人声、音乐和音响,如图4-5所示。

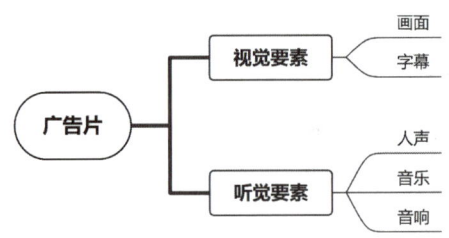

图4-5 广告片构成要素图

2. 广告片脚本设计流程

1)框架搭建

要在前期大致想好你的片子的总体构想。比如我们的广告片主题是什么,故事主线是什么,人物关系是怎么样的,场景选在哪里拍摄,等等。一定要掌控全局,考虑到整部广告片的每个细节。

2)广告主题定位

明确广告定位,确定广告主题。在主题的统领下,构思广告形象,确定表现形式和技巧。

3)人物设置

在广告片中,需要设置恰当完整的人物及关系,使广告片的逻辑更加合理、叙事更加流畅。每一段人物关系都承载着剖析主题的使命。

4）场景设置

确定了故事主题,设定好人物,就要挑选合适的场景(户外、摄影棚、绿幕等)拍摄,要考虑场景是否能和故事完美地融合。

5）故事线索

要考虑出一条明确的线索,这样才能更好地推进后续环节。每个故事都有一个发展方向,需要确定剧情发展、呈现方式、顺序、倒叙、先抑后扬还是其他的发展方式。

6）光影和色调运用

什么情绪的主题配什么情绪的光影和色调。悲剧、喜剧、怀念、搞笑、科技等场景要选取恰当的光影和色调。

7）音乐运用

有时候音乐是一个很好的调动脚本创作的工具,在一部影片中,符合恰当气氛的音乐是渲染剧情气氛的最佳手段和妙招。就和电影一样,只有干巴巴的画面,没有合适的音乐带动人的情绪,再好的画面也会大打折扣。

8）镜头运用

脚本撰写需要了解最基本的镜头语言,分清大全景、全景、小全景、中景、近景、特写、大特写的概念。例如,大全景一般交代大的时代背景、城市街道环境、整个剧情发展的大的环境背景。

3. 广告片脚本设计的注意事项

1）广告片主题要围绕品牌定位和产品卖点

广告片是为品牌的传播和产品的销售服务的,因此,广告片的主题必须围绕品牌定位和产品卖点,结合目标消费者的需求特征来展开创意。

2）广告片视觉和听觉元素设计要遵循品牌CIS的设计规范

品牌构建是一项系统工程,任何的品牌传播活动都要以既定的品牌识别规范为标准来规划设计,这样才能传播一个统一的、清晰的、一致的品牌形象。广告片的视觉和听觉元素设计必须遵循品牌CIS的设计规范,广告片的整个风格要与品牌调性一致。

3）广告片中的文字应精练

广告片主要通过视听元素传递品牌信息,而且一般时长又比较短,因此,广告片中的文字要求精练。

4）广告片剪辑要注意画面逻辑

画面逻辑是广告片脚本的基本属性。在创作广告片脚本时要注意画面逻辑的把握。每一个镜头的递进和衔接都需要有逻辑、有层次感、有演绎意识,让广告片具有欣赏性。

5）广告片贵在创新

广告片的创意是广告的灵魂。正如著名广告策划公司McCANN所说,广告是

"以震撼人心的方式表现出来的销售点子",没有创意,哪里来的"震撼人心"呢?广告片策划人应该具有创新精神。

## 项目四　自学自测

### 简答题

1. 什么是整合营销传播?
2. 何谓品牌接触点管理?
3. 品牌故事的创作有哪些形式?

## 知识内化

### 实训 1　品牌广告语创作

#### 任务 1　品牌广告语检视

以项目二知识内化的螺蛳粉品牌为研究对象,根据品牌广告语创作策略和技巧,对品牌广告语进行全面检视,分析问题,给出建议,并简述创意思路。请将成果做成展示 PPT,并将要点记录在下表中。

品牌广告语检视

| 项目 | 现状描述 | 问题分析 | 建议方案 | 创意思路 |
| --- | --- | --- | --- | --- |
| 品牌广告语 |  |  |  |  |

#### 任务 2　品牌广告语创意

根据项目二新的品牌定位和项目三的品牌名称,重新创作品牌广告语,并简述创意思路。请将成果做成展示 PPT,并将要点记录在下表中。

品牌广告语创意

| 项目 | 创意方案 | 策略技巧分析 | 创意思路 |
| --- | --- | --- | --- |
| 品牌广告语 |  |  |  |

### 实训 2　品牌故事写作

以项目二知识内化的螺蛳粉品牌为研究对象,根据品牌故事创作策略和技巧,写一个品牌故事,并简述品牌故事传播策略思路。请将成果做成展示 PPT,并将要点记录在下表中。

品牌故事写作

| 项目 | 创作策略 | 故事内容 | 传播策略 |
| --- | --- | --- | --- |
| 品牌故事 | | | |

## 实训3  品牌IP形象设计

以项目二知识内化的螺蛳粉品牌为研究对象,根据品牌IP营销的策略和技巧,为该螺蛳粉品牌创意品牌IP,并提出传播策略思路。请将成果做成展示PPT,并将要点记录在下表中。

品牌IP形象设计

| 项目 | 品牌IP策略 | 创意思路 | 传播策略 |
| --- | --- | --- | --- |
| 品牌IP | | | |

## 实训4  品牌整合营销传播策划

以项目二知识内化的螺蛳粉品牌为研究对象,根据品牌整合营销的策略和技巧,为该螺蛳粉品牌设计一份完整的品牌整合营销传播方案。请将成果以Word文档和PPT的形式呈现,并做提案汇报。

## 实训项目评价

1. 任务完成评价

针对团队考核。任务完成情况评价满分为100分。其中,作品文案为85分,提案汇报为15分。教师评价占40%,企业评价占40%,学生互评占20%。

**任务完成评价表**

| 评价指标 | | 分值 | 企业评价 | 教师评价 | 学生互评 | 得分 |
|---|---|---|---|---|---|---|
| 作品文案 | 品牌广告语分析的全面性与准确性 | 10 | | | | |
| | 品牌广告语的创意性与吸引力 | 10 | | | | |
| | 品牌故事的可读性与营销力 | 10 | | | | |
| | 品牌IP形象设计的合理性 | 10 | | | | |
| | 整合传播方案设计的合理性和创意性 | 45 | | | | |
| 提案汇报 | PPT设计 | 5 | | | | |
| | 语言表达 | 5 | | | | |
| | 形象 | 3 | | | | |
| | 团队配合 | 2 | | | | |
| 总评分 | | 100 | | | | |

2.个人表现评价

对个人在完成工作任务过程中的表现进行评价。按五个等级划分:90—100分为优秀,80—89分为良好,70—79分为中等,60—69分为合格,0—59分为不合格。评价分为团队评价与学生自评。

**个人表现评价表**

姓名_____ 学号_____ 团队_____ 团队负责人_____

| 评价项目 | 考核要点 | 团队评价（70分） | 个人自评（30分） | 占总评分比例/（%） | 得分 |
|---|---|---|---|---|---|
| 任务完成情况 | 按时按质完成团队分配的任务 | | | 40 | |
| 工作态度和责任心 | 工作积极主动,富有责任心 | | | 15 | |
| 团队合作精神和协作能力 | 能良好表达自己的观点,善于倾听他人的观点 | | | 15 | |
| 独立思考和创新能力 | 能提出新的想法、建议和策略 | | | 15 | |
| 信息素养和学习能力 | 善于搜集并借鉴有用资讯和好的思路和想法 | | | 15 | |
| 总评分 | | | | | |

## 项目学习小结

1.通过本项目的学习,你掌握了哪些知识点?请画出思维导图。

2.在完成本项目学习和实训的过程中,你学会了哪些分析和解决问题的方法?

3.在完成本项目学习和实训的过程中,你认为自己还有哪些地方需要改进?

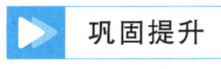

### 实战案例

#### "莫斯利安"是如何炼成的?

常温酸奶"莫斯利安"让光明乳业实现了销售额的显著增长,它改变了光明乳业的收入结构、发展定位。2014年,光明乳业近34%的营收来源于这款产品。从2012年到2014年,"莫斯利安"三年销售额达107亿元。至2022年,光明乳业包括莫斯利安在内的乳制品实现营业收入240.91亿元。"莫斯利安"这个品牌是如何炼成的呢?

一直以来,以技术、品质为核心竞争力的光明乳业,是中国乳品市场公认的新鲜酸奶第一品牌。但中国奶品消费的主流一直是常温奶,伊利、蒙牛都是依靠在常温领域创造的规模优势建立起市场领导者地位。因此,如何实现市场规模突破、如何创造新的竞争优势的战略课题成为光明乳业经营层的核心思考。

通过对中国乳品尤其是酸奶消费市场趋势的洞察,光明乳业最终决定采用错位竞争模式避开对手强势领域,在中国乳品行业的盲点——常温酸奶领域开拓无争市场。

一、价值构建,引领消费的理由

要创造一款承载光明战略任务的产品,使用在营销上为产品"找概念、编概念"的做法是没有意义的,必须围绕酸奶的消费本质(益生菌种的品质),寻找到属于事实的价值支撑点,以这样的事实创建起常温酸奶的价值体系。这种事实价值同样能够帮助品牌跳出同质化的传播诉求、传播创意和传播演绎,形成全新的品牌运动体系。

运用多种途径和技术,光明创新团队以全球视野搜索产业资源和科学资源,终于有了大发现。他们在保加利亚乳业协会编著的《保加利亚乳杆菌的百年历史》、路透社的相关文章,以及中国轻工业出版社出版的《益生菌与健康生活》等专业书籍中都找到了"莫斯利安是因喝酸奶长寿的长寿村"的资料。

于是,2008年夏天,光明团队远赴保加利亚造访神秘的长寿村Momchilovtsi,当地村民热情接待远方的客人,将他们世代传承的酿造手工酸奶的菌种交付给中国来客,并谆谆嘱托:"有爱心才能酿好酸奶!"来自长寿村酸奶屋的独特乳酸菌种——L99活性益生菌就这样被带到了中国。

但真正的挑战来自产品的规模化技术研发和产品消费价值创建。光明乳业用国内第一套欧洲引进的专用设备,在酸奶正常发酵时投入数倍菌种进行发酵,此道工序完成后,再进行无菌灌装,并全套使用进口包材,不但保证了酸奶中活性菌种的存活,而且使其在常温状态(4℃—25℃)下,保存时间长达120天,便于消费者存放和旅游时携带,为深入城镇甚至农村创造了必备条件。

其实消费者无法具体感知光明在技术方面的努力,但人们可以通过显性信息接受产品的感知价值。

1.产品概念必须跳出酸奶同质化竞争

(1)异域、经典、吸引关注。

(2)直接的产地价值,丰富的想象。

(3)独占神奇地名。

2.产品定位必须给予消费者可信的购买理由

(1)采用长寿村原产独特乳酸菌菌种的酸奶。

(2)经典且异域风情浓郁的酸奶。

(3)具有神秘品牌故事的酸奶。

(4)给中国消费者带来长久健康的酸奶。

3.产品命名必须为产品创造独特个性

这款长效酸奶的菌种来自保加利亚的长寿村Momchilovtsi,产品基因完全有必要转化为品牌基因。一个基于Momchilovtsi但更加上口的中文名由此诞生——莫斯利安。

莫斯利安商标

二、莫斯利安品牌传播

1.品牌传播语

"长寿村的神奇秘密——莫斯利安!"品牌传播语凸显神秘产地,引申产品利益,一语双关,具有悬念感,吸引关注度。

2.演绎品牌,就是要讲述品牌自己的故事

保加利亚著名长寿村莫斯利安,位于欧洲南部罗德比山脉的谷地里。这个神秘、美丽且与诺贝尔奖获得者梅契尼科夫有着难解之缘的村庄,蕴藏着神奇的秘密——山区牧民世代饮用自酿酸奶,是当地人健康的原因之一。

现在,光明乳业沿着梅契尼科夫的脚步,探寻至莫斯利安,将当地自酿酸奶中的活性菌种引入中国,酿成属于中国家庭的"莫斯利安"酸奶。

在广告传播中,利用视觉元素进一步强化这个故事。广告画面用长寿村"莫斯利安"地区地貌进行展示,给人一种无限遐想——绵延千里、群岭起伏的深山谷地,万木竞秀、幽雅清静,恍如人间天堂、世外桃源。

3. 莫斯利安说辞包装设计

经典、浓郁的异域风情的包装风格始终如一。

莫斯利安包装

4. 平面广告

莫斯利安村山区牧场,热情美丽的莫斯利安少女站在酸奶屋前,手捧着盛在陶罐中自酿酸奶,欢迎远方的来客,凸显品牌的核心价值。

5. 电视广告

内容不断更新但异域文化风格如一。

莫斯利安电视广告

6. 整合促销活动

根据酸奶和其他乳品的销售数据分析预测,莫斯利安酸奶不仅会有新鲜酸奶6—9月的传统销售旺季,还会有10月份开始至春节的节庆销售旺季。

2009年,光明乳业将莫斯利安酸奶投放上海和华东市场,相继发动了"上市战役""夏季战役"和"节庆战役"。在举行高调盛大的上市发布会,以及发起强大的线上广告攻势的同时,"莫斯利安——长寿村神奇之旅"全国城市路演以及与新浪网的合作传播等一系列推广活动迅速将目标市场的气氛推向火爆。

7.终端生动化

品牌形象店建设、高端卖场终端堆头、系列化终端生动化物料、保加利亚民族服装的导购员。

三、品牌营销效益

作为中国市场上前所未有的第二种酸奶，莫斯利安尽管是当时国内价格最高的酸奶，但由于没有任何直接竞争对手，竞品对莫斯利安的行动完全无法压制。

上市后的消费者调研数据显示，莫斯利安酸奶的品牌喜好度、产品满意度、品牌动销驱动、重复购买意愿等指标都达到相当高的标准，数月连续刷新光明乳业新品上市的纪录，当年销售突破1.5亿元。

以品牌故事为传播核心，以常温保存的酸奶为辅助价值，以品牌故事显像化创意为体验道具，通过"全国上市发布""路演""夏季消费引导""终端主题促销""节庆礼品战役"等整合品牌传播推广活动，深度沟通，给予消费者全新的品牌体验，将产品利益转化积累成消费者认知和信任的品牌价值，有效支撑高价，创造动销。

（资料来源：《模式制胜——中国农业产业化龙头企业群像解析2》，浙江大学出版社。）

## 思考题

1.根据此案例分析莫斯利安品牌故事的创作策略？

2.如果你正为本土螺蛳粉品牌策划品牌传播活动，此案例给你带来什么样的启发？

# 项目五　品牌运营管理与维护

## 教学目标

● **知识目标**

1. 了解品牌商标注册的意义和流程以及品牌商标侵权的主要类型。
2. 了解品牌溯源与防伪的基本方式与应用。
3. 了解品牌监测的主要内容和方式。
4. 了解品牌危机的类型、特点、产生的原因及处理方式。

● **能力目标**

1. 能开展品牌舆情监测工作。
2. 能根据品牌危机的实际情况选择合适的应对策略。

● **素养目标**

1. 具有团队合作精神和能力,具备良好的沟通能力,能够协作完成团队工作任务。
2. 具有创新意识和能力,能够运用正确的方法获取信息和利用信息,以及掌握新知识、新技能,有创意地完成项目任务。
3. 遵纪守法,开展品牌维护工作时遵守相应的法律法规和社会公序良俗。
4. 提高工作主动性,增强责任感、法律意识和服务意识。

### 思维导图

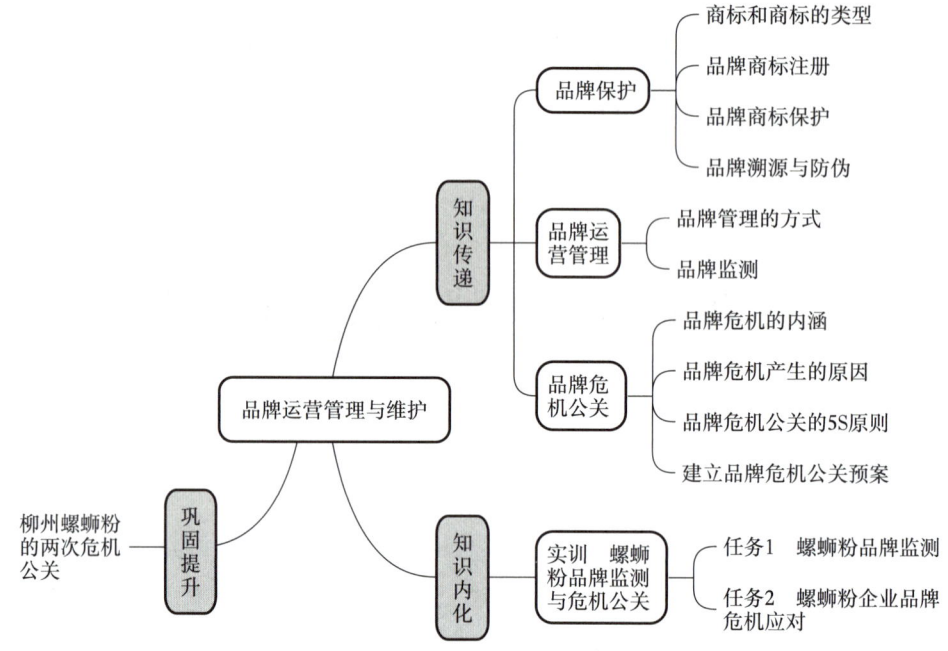

### 知识传递

## 一、品牌保护

### （一）商标和商标的类型

1. 商标

品牌或品牌的一部分在政府有关部门依法登记注册后，就称为商标。根据《中华人民共和国商标法》，任何能够将自然人、法人或者其他组织的商品与他人的商品区别开的标志，包括文字、图形、字母、数字、三维标志、颜色组合和声音等，以及上述要素的组合，均可以作为商标申请注册。

在我国，经商标局核准注册的商标为注册商标，受法律保护。商标通过确保商标注册人享有用以标明商品或服务，或者许可他人使用以获取报酬的专用权，而使商标注册人受到保护。注册商标具有排他性、独占性、唯一性等特点，属于注册商标所有人所独占，受法律保护，任何企业或个人未经注册商标所有权人许可或授权，均不可自行使用，否则将承担侵权责任。

在标注商标时应在其右上角加注"®"，意思是该商标已在国家商标局进行注册申请并已经商标局审查通过，成为注册商标。圆圈里的R代表Register（注册）的首字母，如图5-1所示。

"™"则是商标申请注册中的意思,即标注"™"的文字、图形或符号是正在等待国家核准的商标,国家已经受理注册申请,但不一定会核准注册。"™"是英文 Trademark 的缩写,如图 5-2 所示。

图 5-1　爱民螺蛳粉注册商标图
（来源：企业网站）

图 5-2　带"™"标记的联想商标图
（来源：企业网站）

2.常见的商标类型

1）按商标结构分类

这类型的商标主要是根据品牌视觉元素的构成特征来进行分类,这个分类与项目三中的"品牌标志的主要形式"类似。

（1）文字商标。

文字商标是指仅用文字构成的商标,包括汉字、少数民族文字、外国文字、阿拉伯数字,或以各种不同字组合的商标,如图 5-3、图 5-4 所示。

图 5-3　柳职匠子螺 Logo（企业供图）

图 5-4　娃哈哈 Logo（来源：企业网站）

（2）图形商标。

图形商标是指仅用图形构成的商标,如图 5-5、图 5-6 所示。

图 5-5　苹果 Logo
（来源：企业网站）

图 5-6　中国品牌日 Logo
（来源：中国品牌日网站）

（3）字母商标。

字母商标是指用拼音文字或注音符号的最小书写单位,包括汉语拼音、外文字母（如英文字母、拉丁字母）等所构成的商标,如图 5-7、图 5-8 所示。

图 5-7　联想 Logo
（来源：企业网站）

图 5-8　海尔 Logo
（来源：企业网站）

(4)数字商标。

数字商标是指用阿拉伯数字、罗马数字或者是中文大写数字构成的商标,如图 5-9、图 5-10 所示。

图 5-9　三九药业 Logo
（来源：企业网站）

图 5-10　1905 电影网 Logo
（来源：企业网站）

(5)三维标志商标。

三维标志商标,又被称作立体商标或外形商标,是由三维要素组成的视觉商标。它以一定的立体形状为商品的标记,可以是商品本身的形状、商品的包装物或者其他三维标志。

(6)颜色组合商标。

颜色组合商标是指由两种或两种以上的彩色排列、组合而成的商标,如图 5-11 所示。

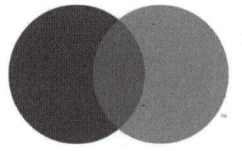

图 5-11　万事达 Logo（来源：企业网站）

(7)组合商标。

指由两种或两种以上成分相结合构成的商标,也称复合商标,如图 5-12、图 5-13 所示。

图 5-12　好欢螺 Logo
（来源：企业供图）

图 5-13　螺霸王 Logo
（来源：企业网站）

(8)音响商标。

以音符编成的一组音乐或以某种特殊声音为商品或服务的商标即是音响商标。例如,QQ 的"嘀嘀嘀 嘀嘀嘀"提示音、广东太阳神集团的广告词曲"当太阳升起的时候,我们的爱天长地久"、摩托罗拉手机的开机铃声"Hello Moto"等都已经注册为声音商标,受法律保护。

2) 两种特殊商标

(1) 集体商标。

集体商标,是指以团体、协会或者其他组织名义注册,供该组织成员在商事活动中使用,以表明使用者在该组织中的成员资格的标志。图5-14为轩辕故里甘肃清水县域公共品牌"初祖农耕"的商标,覆盖全县主要特色农产品;图5-15则是浙江丽水的农产品区域公用品牌"丽水山耕"。

图5-14 公共品牌"初祖农耕"Logo　　图5-15 公共品牌"丽水山耕"Logo
（来源：企业网站）　　　　　　　　　（来源：企业网站）

(2) 证明商标。

证明商标,是指由对某种商品或者服务具有监督能力的组织所控制,而由该组织以外的单位或者个人使用于其商品或者服务,用以证明该商品或者服务的原产地、原料、制造方法、质量或者其他特定品质的标志。例如:地理标志（见图5-16）、绿色食品标志（见图5-17）、真皮标志、纯羊毛标志、电工标志等。

图5-16 "柳州螺蛳粉"地理标志证明商标　　图5-17 绿色食品证明商标

3. 禁止作为商标使用的标志

根据商标法的规定,下列标志不得作为商标使用:

(1) 同中华人民共和国的国家名称、国旗、国徽、国歌、军旗、军徽、军歌、勋章等相同或者近似的,以及同中央国家机关的名称、标志、所在地特定地点的名称或者标志性建筑物的名称、图形相同的;

(2) 同外国的国家名称、国旗、国徽、军旗等相同或者近似的,但经该国政府同意的除外;

(3) 同政府间国际组织的名称、旗帜、徽记等相同或者近似的,但经该组织同意或者不易误导公众的除外;

(4) 与表明实施控制、予以保证的官方标志、检验印记相同或者近似的,但经授权的除外;

(5) 同"红十字""红新月"的名称、标志相同或者近似的;

(6)带有民族歧视性的;

(7)带有欺骗性,容易使公众对商品的质量等特点或者产地产生误认的;

(8)有害于社会主义道德风尚或者有其他不良影响的。

县级以上行政区划的地名或者公众知晓的外国地名,不得作为商标。但是,地名具有其他含义或者作为集体商标、证明商标组成部分的除外;已经注册的使用地名的商标继续有效。

### (二)品牌商标注册

品牌商标的注册与保护,是企业树立品牌形象、提升品牌价值、实施品牌战略的重要途径和方法。企业通过商标注册,可以实现在市场上与竞品的区隔,凸显品牌效应,吸引和稳固消费群体,形成深刻的品牌认知。与此同时,在遇到假冒伪劣、商标权受到侵害的情况时,经过注册的品牌商标和外观等无形资产,能够得到法律的有效保护,有助于品牌的运营和维护。

1. 商标注册的作用

商标注册是指商标注册申请人以取得商标专有权为目的,将其正在使用或者准备使用的商标,按照本国或相关国家法律规定的条件和程序,向商标主管机关提出申请,由商标主管机构进行审查核准、予以注册的制度。商标经过注册并得到核准确认后,事实上将商标专有权授予符合法律条件的注册申请人并享有专有性,禁止他人未经许可而在同种或类似商品或服务上使用与注册商标相同或近似的商标,确认了注册商标的商标权归属,保护商标权人的合法权益,从而使这个品牌名称和品牌标志受到法律保护。

对企业而言,注册商标是企业的无形资产,凝聚着生产者、经营者的智慧和劳动,体现着企业的品牌建设理念和愿景。一个设计精美、独具魅力,且能够保证长期反复使用的注册商标,是企业品牌的重要组成部分。通过实施商标注册管理,有助于商标所有人确认和保护对商标的专有权,维护自身的合法权益,树立长期的品牌形象。随着企业规模的扩大和品牌战略的有效实施,商标的价值会不断提升,其增长速度甚至可能会远远超过有形资产的增长。商标注册能够区隔和维护企业在市场中的竞争行为,促进企业和行业的发展。通过商标注册,企业可以创立品牌,抢先占领市场。同时,商标作为一种无形资产,还可以通过转让、许可方式给他人使用,或通过质押来转换实现其价值。

对消费者而言,注册商标的使用,会在相关生产者、经销者、消费者当中形成一种信任,代表着产品稳定可靠的质量水平,也日渐树立起品牌形象,起到占据目标消费者心智的作用,成为消费者选择产品和服务的主要依据。

对行政管理部门而言,实施商标注册管理,能够规范监督商品和服务质量。商标注册是对商标实施管理的重要内容及法律措施,也为办理质检、卫检、条码创造了必备条件。

2. 商标注册的流程

商标注册的流程大致由查询、申请、审查、公告、特别程序几个部分组成。

1）商标注册预先查询

商标查询是指商标注册申请人或其代理人在提出注册申请前，对其申请的商标是否与在先权利商标有无异样或近似的查询工作。查询的范围以查询之日起已进入商标局数据库的注册商标和申请中商标为限，结果不具法律效力，仅作为参考，并不是商标局核准或驳回该申请的依据。

商标查询有两种方式：一是通过公开数据库或商标查询软件进行查询；二是委托商业代理机构进行查询。

2）申请

依照《中华人民共和国商标法》第四条的规定，自然人、法人或者其他组织在生产经营活动中，对其商品或者服务需要取得商标专用权的，应当向商标局申请商标注册。申请材料见下文"商标注册申请需提交的材料"。

3）商标注册形式审查

商标形式审查（1个月左右），商标形式审查是指商标注册主管机关对申请商标注册的文件、手续是否符合法律规定。假设符合法律规定，审查机构编定申请号，确定申请日，发放"注册受理通知书"。需要注意的是，我国商标注册采用申请在先原则，因此，确立申请日十分重要，一旦发生，申请日的先后即可成为确定商标权的法律依据，商标注册的申请日以商标局收到申请书件的日期为准。

4）商标注册实质审查

商标实质审查（12个月左右），商标实质审查是商标注册主管机关对商标注册申请是否符合商标法及有关规定所开展的检查，以及资料检索、分析比照、调查研究并决定给予初步审定或驳回申请等一系列活动。

5）商标注册初审公告

商标初审公告（3个月）是指商标注册申请经审查后，对符合商标法有关规定的，允许其注册的决定。并在商标公告中予以公告。初步审定的商标自登载初步审定公告之日起三个月没有人提出异议的，该商标予以注册，同时登载注册公告，发放注册证。

6）特别程序

特别程序不是必经的程序，而是在商标注册过程中发生矛盾、冲突，或涉及其他原因时采用的补救程序，主要包括商标驳回复审、商标异议复审、商标争议等程序。

3. 商标注册申请需提交的材料

（1）商标注册申请。

（2）以企业名称申请注册的，需提供营业执照复印件，并需在营业执照复印件上加盖公章；以个人名称申请注册的，需提供个人身份证复印件和个体工商户营业执照复印件，个体工商户营业执照复印件上需加盖公章。

（3）提供商标图样，需要保护颜色的，还需要提供彩色图样。办理集体商标和证明商标注册申请的，还应在申请书中予以说明，并提交集体商标、证明商标的申请人主体资格证明和商标使用管理规则；申请商标如为人物肖像的，应当提交肖像权人的授权证明并经公证机关公证。

（4）委托商标代理组织代理申请的，应提交一份商标代理委托书。

### （三）品牌商标保护

1. 商标权的保护

商标权是民事主体享有的在特定的商品或服务上以区分来源为目的，排他性使用特定标志的权利，因此，商标是品牌进行差异化市场竞争在法律层面的表现形式。商标一经注册，商标所有人即可享有该商标的专用权、续展权、许可权和转让权。对商标权的保护，也围绕这四项权利展开。

1）商标专用权的保护

专用权是商标经批准注册或经法律规定赋予商标所有人对其商标的独占使用权。该独占使用权是指，商标所有人在核准注册时所指定的商品范围内享有完全独占使用其商标的权利。但是，当某品牌的商标成为世界级的商标之后，如可口可乐、沃尔玛、苹果等，其商标所有人对商标的使用就不再受当初注册时的指定行业范围的限制，可以在商品的所有领域内享有完全独占使用其商标和自动取得法律保护的权利。

商标专用权是全部商标法律保护的核心，也是品牌创新和发展的基础。品牌所有人应该重视和加强对商标专用权的保护，主动审视市场上是否存在使用本商标所开展的商业活动，一旦发现构成对本商标侵权的侵权主体和侵权行为，应及时依法追究其法律责任。

2）商标续展权的保护

续展权是商标所有人在其商标注册之后保持商标继续有效的一种权利。商标权具有有效时间性，因此，企业应重视对续展权的保护，要注意法律对商标注册的有效时间的规定。各国对商标注册后的有效保护时间长短不一，我国的规定是十年。企业所注册的商标在有效保护期即将届满之前，应及时办理续展申请，否则将视为自动放弃商标权的保护。

3）商标许可权的保护

许可权商标所有人许可他人在一定期限、一定地域，以一定的条件使用其商标的权利。许可权是商标所有人的一项重要权利，也是品牌发展的一个重要手段。许可权可以分为独占使用许可和普通使用许可两种情况。对被授予方在商标许可权的使用过程中的每个细节，许可协议条款都应尽可能详细和完备地进行规定，以免在实践中由于协议文本的疏漏，导致被授予方滥用商标许可权以开展有损消费者利益的商业活动，使商标授予方的品牌形象受到损害。

4)商标转让权的保护

转让权是指商标所有人由于某种原因而将商标的所有权转让给他人的权利。从目前的情况来看,各国法律对商标权转让的规定不太一样,有的国家允许商标权可以单独转让,有的国家则要求商标必须连同企业一并转让。然而,几乎所有国家的法律都规定,一个注册商标所包含的商品不能部分转让。如果是联合商标,如索爱(索尼和爱立信),则不能只转让其中的一个而必须将整个商标一并转让。商标权的转让有两种情况:一是继承转让,二是合同转让。无论使用哪种方法转让,商标转让的授予方都必须向商标主管机关申请办理转让手续。

2. 商标侵权的认定

1)商标侵权行为的含义

商标侵权行为,通常是指侵犯注册商标专用权的行为,即未经商标注册人的许可,擅自在同一种商品或者类似商品上使用与其注册商标相同或者近似的商标;或者其他损害商标权人合法利益的行为。

目前,商标侵权行为在市场竞争中屡见不鲜,扰乱了商业活动的秩序,损害了消费者的合法权益,更直接侵害了企业品牌利益。因此,商标管理的一个重点内容就在于对商标侵权行为的治理。

2)商标侵权行为的类型

各个国家对商标侵权行为的类型的界定基本类似,也有一些差异。根据《中华人民共和国商标法》和《中华人民共和国商标法实施条例》的相关规定,商标侵权行为的类型主要有以下几种类型。

(1)未经注册商标所有人的许可,在同一种商品或者类似商品上使用与其注册商标相同或者近似的商标的。

此类侵权行为包括:在同一种商品上使用与他人注册商标相同商标的;在同一种商品上使用与他人注册商标近似商标的;在类似商品上使用与他人注册商标相同商标的;在类似商品上使用与他人注册商标近似商标的。

(2)销售侵犯注册商标专用权的商品的。

对商标注册人而言,侵害其合法权益的行为不仅仅局限于制造侵犯商标专用权的商品,销售侵犯商标专用权的商品同样对商标注册人的合法权益构成巨大的侵害,因为此类商品的销售行为,客观上造成了消费者与社会公众对于商品来源的混淆。因此,打击销售假冒注册商标商品的行为,也是保护商标权人和消费者正当权益的重要手段。

(3)伪造、擅自制造他人注册商标标识或者销售伪造、擅自制造的注册商标标识的。

商标标识是指用于商品上的商标载体,是独立于被标志商品上的商标物质表现形式。例如,酒类商品上的瓶贴、自行车上的标牌、服装上的织带等。此类侵权行为包括:伪造他人注册商标标识,即模仿他人的商标图案的行为;擅自制造他人注册商标标识,即未经同意制造他人注册商标标识的行为;销售伪造、擅自制造的注册商标标识,即以上述商标标识为对象进行买卖的行为。

(4)未经商标注册人同意,更换其注册商标并将该更换商标的商品又投入市场的。

此项侵权行为是修订后《中华人民共和国商标法》新增加的内容,学理上称为"反向假冒",即未经注册人同意,行为人将该注册商标撕掉或者去除,换上自己的商标或他人的商标,再将更换了商标以后的商品投入市场,冒充自己的商品予以展示或者销售的行为。

(5)给他人的注册商标专用权造成其他损害的。

此项侵权行为包罗万象,无法一一列举,需要做弹性的规定。例如:在同一种或者类似商品上,将与他人注册商标相同或者近似的标志作为商品名称或者商品装潢使用,误导公众的;故意为侵犯他人注册商标专用权行为提供仓储、运输、邮寄、隐匿等便利条件的。

就第一种行为而言,会误导消费者购买和消费,损害消费者和商标权人的利益。同时,该行为还会逐渐冲淡商标的显著特征,甚至使其成为商品通用名称,从而使其注册商标被淡化。

就第二种行为而言,故意为侵犯他人注册商标专用权行为提供仓储、运输、邮寄、隐匿等便利条件的,属于间接侵权行为,应当按共同侵权人对待。但是,认定此种侵权行为时,行为人只有在故意的情况下才构成侵权行为。

考虑到商标侵权行为的种类较多,《最高人民法院关于审理商标民事纠纷案件适用法律若干问题的解释》第一条规定,下列行为属于给他人注册商标专用权造成其他损害的行为:①将与他人注册商标相同或者相近似的文字作为企业的字号在相同或者类似商品上突出使用,容易使相关公众产生误认的;②复制、模仿、翻译他人注册的驰名商标或其主要部分在不相同或者不相类似商品上作为商标使用,误导公众,致使该驰名商标注册人的利益可能受到损害的;③将与他人注册商标相同或者相近似的文字注册为域名,并且通过该域名进行相关商品交易的电子商务,容易使相关公众产生误认的。

### (四)品牌溯源与防伪

随着市场竞争的加剧,越来越多的企业开始注重品牌商标意识,许多企业更是在初创阶段就进行了商标的注册,主动保障品牌权益,为将来的品牌建设打好基础。但是,那些美誉度高的品牌,在更能得到消费者信任和青睐的同时,也面临着被不法分子假冒和仿制的风险。有些假冒伪劣商品的商标外观与真品高度相似或接近,但质量无法保障,使得消费者因为权益受到侵害,或无法分辨产品真伪,而放弃对该品牌的选择。这对消费者和企业而言都是巨大的损失。因此,诚信经营的企业,更应该重视品牌的溯源与防伪工作,在激烈的市场竞争中,保护品牌的健康成长。

加多宝与广药集团的"王老吉"商标权纠纷案

1. 品牌溯源与防伪

1）品牌溯源

品牌溯源的落脚点是对品牌旗下的产品进行追本溯源，即通过信息技术手段全程监测产品的源头材料、生产、仓储、流通、市场稽查、销售终端等各个环节，实现对产品的全程可追溯管理。目前的产品溯源，主要是将物联网技术、自动控制技术、自动识别技术、互联网技术相结合，使产品从源头材料到销售终端，形成全生命周期的记录，中间任何一环出现问题，即可通过技术手段实现自动识别和快速检索，查找问题、定位问题、协助解决问题。

通过产品溯源，企业可以不断提高产品质量，塑造和完善品牌形象，稳固品牌与消费者的联系。随着技术发展和观念转变，溯源技术也在不断升级。

2）品牌防伪

品牌防伪主要通过对产品的认证防伪来实现，它是指产品在生产销售中，采用区别于假冒伪劣产品的技术手段，产品防伪技术现在主要以在产品表面或隐藏至产品中两种形式出现。企业运用防伪技术手段，可以将品牌旗下的产品，与假冒伪劣产品进行有效的区隔，以提高企业的信誉度，减少消费者的筛选成本，从而达到保护品牌的目的。

2. 品牌溯源防伪的方式

1）激光防伪技术

主要是利用激光全息图像防伪标识、加密激光全息图像防伪标识和激光光刻防伪技术，形成防伪标签。五粮液全息防伪标识如图5-18所示。

图5-18　五粮液全息防伪标识（来源：企业网站）

2）射频识别（RFID）防伪技术

射频识别（Radio Frequency Identification，RFID）是一种无线通信技术，通过无线电信号识别特定目标并读写相关数据，无须开启包装即可验证产品真伪。射频识别也是实施品牌溯源与防伪的重要手段。五粮液RFID防伪标识如图5-19所示。

图 5-19　五粮液 RFID 防伪标识（来源：企业网站）

3）二维码防伪技术

二维条码/二维码技术是指采用某种特定的几何图形,按一定规律在平面(二维方向上)分布的黑白相间的图形记录数据符号与品牌信息。二维码具有储存量大、保密性高、追踪性高、抗损性强、成本低等特性,非常适合企业用于产品防伪。五粮液二维码防伪标识如图 5-20 所示。

图 5-20　五粮液二维码防伪标识（来源：企业网站）

3. 二维码在品牌防伪中的应用

二维码技术在品牌溯源与防伪中的应用,是指依据二维码单品单码的特性,为品牌旗下的每一个产品都赋予唯一的二维码来实现有效的品牌溯源与防伪。消费者使用移动终端来扫描这个产品随附的单品二维码,就可以迅速实现产品的认证防伪和产品溯源。

目前,二维码技术在品牌与产品经营过程中的应用主要包括利用二维码构建品牌产品识别标识、产品物流储运管理、品牌产品电子结算凭证、产品渠道经营与窜货管理、品牌促销管理、客户关系管理以及售后服务等环节。下面将主要介绍二维码在品牌溯源防伪、商品储运管理、渠道窜货管理中的应用。

1）品牌溯源防伪

二维码生产工艺具有保密性,同时二维码的唯一性可以通过企业系统向其赋予,二维码经过国家二维码注册解析中心统一注册,可实现全球唯一性,因此我们可以通过二维码,确定该产品在生命周期内商品生产、流通、销售等各方面的信息。如果通过二维码信息监测发现一个品牌产品的二维码同时出现在多个地方,或是出现在消亡时间以后,那么二维码所代表的产品就会被系统拒绝识别和判定为假货。

只要企业为品牌旗下的每一个产品都赋予二维码,就如同为每一个产品设置了电子身份证,即可实现对产品的整体溯源和防伪;同时,消费者也能够用移动终端的识别技术,通过互联网查询产品信息,增强对品牌的信任。

2) 商品储运管理

商品储运管理主要是利用二维码技术,实现商品仓储和物流的全程数据化管理。企业通过每个产品上随附的二维码,进行自动监测与识别,实现产品在物流运输过程的全程记录、跟踪和监管,实现货物流与信息流的同步监控,实现智能物流管理,完成智能仓储、自动盘库等工作。通过二维码技术应用,企业可以有效地实施物流运输过程中的精确定位、精确监控,以及防损、防错管理。

3) 渠道窜货管理

渠道窜货管理主要是利用二维码技术,实现企业对渠道产品流的数字化管理。企业将产品的二维码作为渠道供应和渠道结算的依据。由于每个渠道承载的产品在类别和数量上都会不同,因此,企业只要掌握了产品的二维码信息,即可清楚地知道各个渠道里的每一产品的流通过程和去向。如果某一区域出现了不属于该区域的二维码产品信息,说明该区域有窜货嫌疑,可以根据该二维码所属区域及时、精确地核查,进行问题处理,以较低的成本高效解决长期困扰企业的市场渠道窜货管理难题。

## 二、品牌运营管理

品牌运营(Brand Operation)是企业利用品牌这一重要的无形资产,在营造强势品牌的基础上,更好地发挥强势品牌的扩张功能,促进产品的生产经营,使品牌资产有形化,实现企业长期成长和品牌的价值增值。可见,进行品牌运营管理,企业需要设置合理且适应其自身实际情况的管理架构,对品牌运营涉及的各项工作内容进行有效的监控与评估,才能为优化品牌成长提供改进方向。

### (一)品牌管理的方式

伴随企业的发展壮大,产品线、品类、品牌数量都有可能产生变化,因此,企业管理品牌的方式、组织架构和管理内容,也会随之变化。从企业实践来看,品牌运营管理方式主要有业主或公司经理负责制、职能管理制、品牌经理制、品牌管理委员会制等形式。其中,品牌经理制是至今对品牌运营管理贡献最大的一种形式。

1. 业主或公司经理负责制

业主或公司经理负责制是指由企业主、创始人或公司高层领导负责品牌的战略决策以及具体的品牌活动规划和实施。这种高度集权的品牌管理制度形态,一般适合于产品种类比较少、规模不大的小微企业。在这种形态下,品牌设计、广告、促销、渠道等品牌问题,直接由企业高层领导参与和决定。业主或公司经理负责制的最大优点是决策迅速、内部成本低,同时企业主或创始人更能将企业家精神注入品牌之中,从而有利于奠定品牌基因、塑造品牌核心价值观。

2. 职能管理制

职能管理制是指由企业总经理统筹领导,将品牌管理的各项职责分派到市场营销领域的各个职能部门中,由各职能部门分工合作来执行品牌管理的具体工作。

职能管理制的主要优点非常突出,能够充分发挥品牌管理各职能的专业化水平。涉及品牌管理的各项工作都会分到专业化的部门,由固定岗位的专业人员来完成,因此比较有利于增强品牌效应,培育品牌无形资产。同时,职能管理制也让品牌运营管理从传统的凭直觉与经验转向以各部门的专业知识为基础的规范化管理,在培育和经营品牌的历史上发挥了重要的作用。

职能管理制的缺点主要有两个方面。第一,因为涉及部门多,所以品牌运营管理工作的开展会增加企业内部沟通、协调等管理成本。第二,职能管理制下,可能会出现品牌运营管理的相关工作落实不到位,甚至出现成长期的新品牌得不到重视的情况。这是因为各部门工作目标不一致,大家都从本部门的角度去设计营销活动。例如,销售部的目标是业绩增长,因此,它可能会采取降价等措施提升业绩;而广告部的目标是塑造品牌形象,打折活动显然不利于形象塑造,这就可能导致品牌运营工作无法同时在各部门间得到落实。那些成长期的品牌很难在短期看到成效,也容易不被重视。

3. 品牌经理制

品牌经理制是指企业为其经营的每一个品牌专门配备一名品牌经理和一个团队,由品牌经理对该品牌的主要营销管理事项负责。这些事项包括开发产品概念、新产品上市、广告传播、促销推广、市场研究、终端销售及售后服务等。同时,品牌经理在品牌的市场营销活动中,还要统一协调公司内部的其他非市场营销职能部门,如产品开发部门、生产部门以及销售部门。品牌经理制打破了传统的品牌职能制分割和分散品牌各项职能管理的做法,让每名品牌经理对一个品牌的全面营销活动及其业绩负责。一般地,一个大品牌,除了一名品牌经理之外,还配备数名品牌经理助理,从而构成一个品牌经理团队。品牌经理不仅要制订品牌的发展计划,还要督导计划的执行,采取纠正行动。总之,品牌经理要对品牌的全部市场营销负责。

品牌经理制能够为公司多品牌营销目标,提供制度上的保障;为每一个品牌配备专门团队,对提高品牌竞争力、实现品牌战略目标起到关键作用。正因如此,这种制度自20世纪30年代在美国的宝洁公司诞生后,经过不断调整和丰富,于20世纪80年代在美国从日用消费品行业、食品行业,蔓延到耐用消费品行业,得到广泛应用,之后,更是在全球得到推广和完善。例如,可口可乐、强生、高露洁、百事可乐等,以及我国的美的、上海家化、纳爱斯、中国移动等知名企业,都借鉴和创新了品牌经理制度,用于开展品牌运营管理。

4. 品牌管理委员会制

品牌管理委员会制从配置上看,比品牌经理制的规格更高。它是一种战略层面的品牌管理组织模式,适合覆盖多个战略业务领域的大型企业集团,也适合集体品牌、地区品牌或国家品牌这类受多个独立法人主体影响的品牌管理情境。品牌管理委员会一般设于集团总部,构成人员一般包括集团副总经理,集团营销、财务、技术等职能领域的总监或以上的中高层管理者,集团下属各事业部或战略业务单元的总经理。设置如此高级别的品牌管理组织,表明了企业高层对品牌运营的重视和对品牌战略的信心。

品牌管理委员会制主要运用在大型企业集团,此外,一些医院、非营利性机构、地区与城市品牌建设管理中也运用了这种品牌运营管理的形式。例如,中国石油天然气集团有限公司设置了由集团公司副总经理担任品牌管理委员会主任的品牌管理委员会;著名的美国梅奥诊所也于1997年成立了专门的品牌管理团队来监管品牌;韩国为了提高国家形象,于2009年成立"国家品牌委员会",由时任总统亲自管理,打造国家品牌。

## (二)品牌监测

品牌运营管理是一个动态的、持续、循环的长期过程,有效的品牌管控需要实施有力的品牌监测与评估。企业只有对品牌运营涉及的内容进行动态、及时和全面的监测,才能准确地监测市场信息、品牌经营信息、客户反馈。尤其在网络普及的当下,还要注重对网络舆情的监控,这样才能更好地把控品牌的建设,维护品牌的利益。

1. 品牌监测的概念

品牌监测是指企业对于特定品牌所涉及信息的一种监测与管理行为,通常利用信息采集技术收集与整理市场上的品牌相关信息,并利用数据模型等科学方法予以分析和评估。品牌监测能帮助企业掌握品牌动态,还能进一步协助企业以品牌监测结果为依据,进行科学评估,判断品牌目前在市场竞争中的发展态势和竞争局面,找出薄弱环节,有针对性地开展品牌维护,使品牌运营始终朝着企业品牌战略的方向前进。

2. 品牌监测的内容

品牌监测的内容可以非常广泛,包括企业、产品、服务、渠道、终端、客户、媒体、网络、口碑等与品牌相关的方方面面。企业可以通过这些方面的监测来掌握市场对品牌的认知与评价。不同行业、不同规模的企业,通常会根据自身情况,挑选其中的部分内容作为监测重点。一般而言,品牌监测的主要内容可以归纳为产品、品牌、法律、舆情四个部分。

1)产品

产品是品牌力量的重要承载者,企业可以通过监控消费者对产品及其服务的反馈,来掌握品牌在消费者心中的美誉度,这种持续的监控和有针对性的调整,能在很大程度上保证品牌的正面形象。企业对产品的监测,主要围绕产品质量、推广促销、产品服务几个方面展开。企业可以从售后、官方网站、企业客服、主要媒体和网络平台、重点经销商等渠道,了解消费者对产品质量的认可与抱怨,对推广促销的接受度和反馈,对服务的满意度和投诉,以及点评量、推荐指数等。

2)品牌

品牌监测主要围绕品牌作为无形资产的性质来展开,包括渠道和消费者如何理解品牌内涵,是否与企业对品牌建设的预期相符合,出现了哪些方面的偏差;企业对自身不同品牌做的细分,包括市场细分、区域细分等,是否顺利传递给了消费者,他们能否感知到企业的多品牌组合,并从这些不同品牌中找到满足需求的产品;市场如何看待企业的品牌形象,企业形象识别系统(CIS)是否顺利传导给市场,市场对于品牌形象的理解,是否与企业的设定相符,特别是视觉识别(VI)在消费者心中是否已形成独特联系等。

3)法律

法律保护方面,主要涉及审查品牌商标的相关法律手续是否完备,市场中有无假冒伪劣的相关产品,维权进展如何,企业运营中是否遵守当地法律法规和交易的道德行为准则,消费者权益是否得到保障,市场的反馈如何,等等。

4)舆情

舆情监测也叫舆论监测,过去的舆情主要体现在报纸、期刊、电视、广播等媒体上。而现在,对企业而言,舆情的主要载体已经很大程度上转移到互联网上。其中,互联网上消费者的口碑、品牌的媒体表现,又成为企业品牌监测的重点内容。

对消费者口碑的监测,包含企业荣誉、产品应用信息、消费者满意度、网络点击量、播放量、网络评价内容与方向等。搜集消费者在网络上对于品牌、产品、企业所发表的看法和反馈,以掌握当前消费者对品牌的认知内容与程度。

之所以监测品牌的媒体表现,是因为媒体已经成为消费者获取品牌信息的主要来源和重要途径。在当前的网络环境下,媒体也从过去的电视、报纸、广播拓展到网络媒体,包括搜索引擎、论坛、微博、微信、视频网站、各大自媒体应用软件(如抖音、小红书)等。很多时候,消费者对品牌的认知受到这些网络媒体的引导。因此,对品牌信息在各类媒体,特别是网络媒体中的表现进行实时监测,能够把握当前舆论的热点和价值倾向,通过正面的引导来树立和维护品牌的形象。一旦在监测中发现有损企业品牌的负面信息或舆论导向,即可启动危机公关预案。

总之,品牌监测的内容可以围绕以上四个方面展开,具体可以借鉴表5-1。

表 5-1　品牌监测工作表

制表人：　　　　部门：　　　　日期：　　年　　月　　日

| | 品牌监测主要内容 ||||||||
|---|---|---|---|---|---|---|---|---|
| | 产品 ||| 品牌 ||| 法律 | 舆情 ||
| | 产品质量 | 推广促销 | 产品服务 | 品牌内涵 | 品牌细分 | 品牌形象 | 法律保护 | 网络舆情 | 危机公关 |
| 1月 | | | | | | | | | |
| 2月 | | | | | | | | | |
| 3月 | | | | | | | | | |
| 4月 | | | | | | | | | |
| 5月 | | | | | | | | | |
| 6月 | | | | | | | | | |
| 7月 | | | | | | | | | |
| 8月 | | | | | | | | | |
| 9月 | | | | | | | | | |
| 10月 | | | | | | | | | |
| 11月 | | | | | | | | | |
| 12月 | | | | | | | | | |
| 工作目标 | | | | | 工作重点 | | | | |
| 品牌部经理意见 | | | | | 签名：　　　　日期： | | | | |
| 营销总监意见 | | | | | 签名：　　　　日期： | | | | |
| 总经理意见 | | | | | 签名：　　　　日期： | | | | |

知识传递

### 3. 品牌监测的方法

品牌监测的传统方法包括问卷调查、网络在线调研、座谈调研等常规形式，在此不一一介绍。随着技术的发展，网络搜索引擎技术和信息智能处理技术也取得了突破，例如，爬虫软件等可极大地便利我们在品牌监测功能中的应用。以下介绍几种常用的网络监测技术方式。

（1）海量数据抓取，监测媒体包括微博、论坛、新闻、视频、问答网站等。

（2）多维统计分析，提供网络信息分布趋势、搜索引擎曝光比指数、预警指数、搜索引擎分布、网站类型分布、网站域名分布等多方位数据统计及分析。

（3）精准主题设置，提供"包含全部关键字""包含任意一个关键字""不包括关键字"三种关键字设定条件来设定主题相关的特定关键字，并提供结果"预览"，方便调整设定。

（4）高级语义分析，独有的语义分析技术高效聚焦监测内容，自动检索各类话题的相似文章。可以多维度深入挖掘主题讨论内容，并针对挖掘后的内容进行自动统计和聚焦讨论趋势、来源分布、热门关键字等。

（5）便捷实时监测，每天监测报告和每周汇总报告相结合，提供每天和每周的邮件订阅，以及报告打印和分享功能。

（6）长期监测，可提供月度、季度、年度分析与总结报告，提供品牌危机监测与危机舆情。

## 三、品牌危机公关

在激烈的市场竞争中，有时候品牌的知名度、信用度和形象的无形竞争，甚至超过产品、技术、服务质量的有形竞争。品牌是社会公众与客户接触企业的重要桥梁和关键载体，一旦品牌出现危机，往往需要品牌管理人员花费巨大的精力和财力，才能化险为夷，否则，企业可能遭受沉重打击，甚至退出市场。

近年来，"苏丹红""三聚氰胺""刹车门"等品牌危机事件频频发生，对品牌形象和品牌价值造成了巨大的影响。那么，品牌危机是如何出现的，品牌管理人员应该如何看待和应对呢？

### (一) 品牌危机的内涵

#### 1. 品牌危机

品牌危机是指在企业发展过程中，由于自身的失职、失误，或者内部管理工作中出现缺漏，以及外部不可控因素等，突然引发并广泛传播的品牌负面信息，它会导致社会公众对品牌的质疑、否定或抵制，出现销售量急剧下降，品牌价值遭受严重打击等现象。

2. 品牌危机的类型

我们对市场竞争中比较常见的这类事件进行了归类整理,得出品牌危机的四大常见类型。

1) 突发危机类型

企业对突发的社会事件、公共事件的表态与评论,引起社会公众的强烈不满,使消费者对品牌产生一定的物质或非物质的负面联想,从而严重损害品牌形象和品牌价值。

2) 假冒伪劣产品类型

市场上的假冒伪劣产品泛滥,使大量消费者受骗,引发消费者集中的抱怨、投诉等,也会伤害品牌形象,影响消费者对品牌的选择,导致销售额和利润率下滑。

3) 产品质量与服务类型

品牌产品质量问题、渠道及终端服务问题、消费者使用伤害问题等事件,会极大地影响品牌声誉。这类事件也非常容易通过新闻、论坛、微博、视频网站、自媒体等信息交互平台,迅速发酵成社会热点事件,引起广泛的关注和维权。

4) 企业经营负面信息类型

比如产品销量持续下降,企业内部大量裁员或人员流失,企业被曝出现财务和信用危机,被国家相关部门约谈惩罚等信息,都会使公众对品牌的认可度和忠诚度急剧下降。

3. 品牌危机的特征

1) 突发性

这是品牌危机最突出的特征。在绝大多数情况下,品牌危机的发生都难以预料,即使预见到危机有可能出现,人们也无法准确地预测危机发生的具体时间、形式、强度和规模等。因此,品牌危机实际上就是因为事发突然,在很短的时间里给企业或品牌造成极大的负面社会影响,导致很多企业不得不仓促应对。企业在突发性的危机事件面前所采取的补救措施有可能力挽狂澜摆脱危机,也有可能加重危机,使企业或品牌从此一蹶不振,最终只能以倒闭或出售的方式退出市场。

2) 危害性

品牌危机所引起的伤害,一方面体现在产品销量下滑,而更重要的方面则是消费者对品牌长久以来树立的形象的怀疑和否定,这种精神上的伤害往往会对品牌信誉度形成毁灭性的打击。而且,一旦消费者一直以来对品牌的信任感受到冲击,品牌的正面形象在他们心中产生怀疑,企业今后要重建消费者的信心、重新树立品牌的形象,将会面临更巨大的困难。因此,品牌危机的危害性既不易被察觉,又很难再挽回。

3) 蔓延性

随着网络的高度普及,社会公众对信息的传播和交流变得更为迅速和通畅。当拥有一定知名度的品牌爆发危机时,哪怕只是一段视频或文字,都非常容易通过互联网,瞬间在十几亿手机用户中蔓延开来,形成极高的话题热度。同时,品牌出现危机时,也容易引起竞争对手的"拉踩"行为,这些"拉踩"的信息同样也会在社会上蔓延开来,以扰乱消费者对品牌正确信息的认知,从而使原本受损的品牌形象和声誉雪上加霜,容易导致品牌口碑的崩塌。

4)被动性

由于品牌危机的发生几乎无法预料,企业往往只能被动地仓促应对,不太可能有充足的时间来谋划应对措施,企业的应对行为常常只能"头痛医头,脚痛医脚",能被动招架,平稳度过危机,已经非常不容易,几乎很少能采取主动应对的措施。

### (二)品牌危机产生的原因

我们主要从企业内部和外部两个方面来探讨品牌危机产生的原因。

1. 企业内部原因

构成或引发品牌危机的内部原因,是指企业自身在品牌的经营管理过程中做出错误的判断或行为而导致品牌危机出现的原因。企业错误的判断和行为包括决策失误、内部管理不善、产品质量和流通环节出现问题。

1)决策失误

企业在规划和运作品牌发展战略的过程中,方向性的错误往往比执行性的错误更具危险性。由于企业的决策层往往是从战略的角度与宏观的层面对品牌发展进行全面和长远的规划,因此,此类决策一旦失误,对企业和品牌的负面影响将难以估量,甚至有可能导致整个企业的生存和发展受到严重威胁。比如投资失当、品牌延伸决策失误、品牌定位不当、生产能力扩张脱离实际需求、市场需求变化预测失准等,都是企业决策失误的具体表现。

2)内部管理不善

企业内部管理水平的高低直接关系到企业的生存和发展。如果企业在品牌经营管理过程中出现问题,如岗位设置不合理、职位描述不明确、管理不规范等,都有可能引发品牌危机。

企业本身管理不善将直接引发一系列品牌问题。如生产设备老化、人员管理不当等诸多问题,有可能连带导致品牌的产品质量下降和次品增多。另外,企业管理不善还容易导致企业内部员工之间的派系斗争,这种内部损耗行为也容易引起个别员工散布有损企业的谣言,使品牌形象受损。企业内部管理不善还容易导致如腐败、挪用公款、做假账以及泄露企业的商业机密等违法行为,对企业和品牌形象造成损害。

3)产品质量与流通环节出现问题

在实践中,许多品牌危机就是因为企业的产品在生产制造过程中出现技术、含量、数量以及质量上的问题而引发的。例如2008年的三聚氰胺事件所导致的奶粉品牌危机就是由企业内部的产品质量问题所引发的,并进而蔓延成国内乳制品行业的整体危机。此外,产品从原材料到半成品再到成品,经过多层销售渠道最后到达消费者,中间有诸多流动环节,每一个环节都有可能由于管理制度的不健全或员工的素质不高、责任心不强等导致各种问题出现,衍生为品牌危机。企业出现这些问题,主要是因为企业急功近利,没有把好质量关口,无视市场规律和法律法规。

2. 企业外部原因

引起品牌危机的企业外部原因,主要有政治法律环境、宏观经济环境、社会文化、媒介导向、公众变化、行业竞争等。

例如,由于政治环境因素的变化、国与国之间的政治关系恶化引发品牌政治危机,或者由于国家的宏观经济因素导致的品牌危机。特别是在当今社会,国际经济的波动对企业品牌的影响越来越大。同时,还可能因为不同民族和地区存在着不同的文化背景,当企业要跨区域进行品牌宣传时,没有考虑到不同国家、民族之间存在不同的价值观、社会风俗习惯、宗教信仰、心理特征等,从而对当地民众造成伤害所引发的品牌危机。此外,还有一些品牌危机是由于媒体传播过程中的不当行为引起的。

### (三)品牌危机公关的5S原则

品牌危机公关的5S(Shouldering the Matter,Sincerity,Speed,System,Standard)原则,是指品牌危机发生后,为解决危机应当遵循的五大原则,包括承担责任原则、真诚沟通原则、速度第一原则、系统运行原则、权威证实原则。

1. 承担责任原则

承担责任原则是指危机事件发生后,企业不能推卸责任或拒不承担责任,甚至拒不承认有责任。在危机事件发生后,企业必须勇于承担自己该负的责任,否则企业的信誉将会加倍受损,在公众心目中的品牌形象也会大打折扣。情况严重时,甚至会对品牌造成毁灭性的打击,动摇企业的根基。企业一旦遭遇品牌危机事件,首先应该坦然面对,勇敢承担责任,切忌遮遮掩掩、闪烁其词,信息不公开、不透明只会引起公众的反感;如能坦然面对、主动担责,会给消费者树立有担当的企业形象,有利于品牌形象和价值的维护。

2. 真诚沟通原则

当危机事件发生后,企业与社会公众的沟通至关重要。此时的沟通必须以真诚为前提,如果不是真心实意地与公众、媒体沟通,无法消除公众对品牌的疑惑和各种猜想,也无法平息舆论压力。企业只有把社会公众的权益放在第一位,真心实意、开诚布公地沟通,才有可能获得社会的认可。

尤其需要注意的是企业与媒体之间的沟通。媒体是舆论的引导者,是企业和消费者之间的重要桥梁。品牌危机发生后,企业应主动向媒体及时提供确切的信息,通过媒体来正面引导舆论,并及时跟进事态的发展。处理危机事件过程中取得的每一步进展都应及时让媒体了解。沟通的形式很多,可以发通告、印制宣传品;可以通过大众传媒发布信息;还可以举行新闻发布会或恳谈会。企业应根据危机事件的性质、规模及影响范围和后果等情况,采用发通告、拍摄视频、举行新闻发布会等不同形式,但无论采取何种方式,真诚永远是沟通成功的前提和保证。

3. 速度第一原则

当危机事件发生时,企业所有应对措施的一个标准就是及时、准确地把危机事件的真相告诉公众和媒体,以最快的速度做出反应,掌握处理危机事件的主动权,这样才能在第一时间赢得公众的理解和支持。若迟迟不作反应,组织形象会因为一次危机事件而元气大伤,而想再恢复到原有状态,则需要加倍地付出努力,但危机对品牌造成的损害,又往往让企业的各种措施都收效甚微。所以危机事件一旦出现,企业应火速出击,快速稳定人心,为后续公关工作开创有利局面。

4. 系统运行原则

在处理品牌危机事件的过程中,企业要按照危机应对预案,系统、全面地开展工作。处理危机的过程是一个完整的系统,环环相扣,一个环节出现问题,必然影响到其他环节,甚至是整体的应对效果。所以,一定要坚持系统运行原则,全盘考虑品牌危机的应对措施,不能顾此失彼,这样才能保证及时、准确、有效地处理危机事件。

5. 权威证实原则

产品是品牌内涵的主要承载者,产品质量是企业赖以生存和发展的基础。特别是在面临产品质量类型的品牌危机时,企业要想证明产品质量,应该尽可能拿出权威部门的质量鉴定证明材料,力争获得政府主管部门、业内专家或权威机构、媒体及知名消费者代表的支持,切忌自吹自擂,必须用权威证明来应对社会公众的质疑。

### (四)建立品牌危机公关预案

应对品牌危机的一个重要方法是建立企业的品牌危机公关预案。针对企业可能面临的比较常见的品牌危机类型,逐一做出应对方案,以防危机事件的突然发生。在预案中,一般应明确危机管理小组的负责人及成员、危机的处理流程与时限、与媒体沟通的规范要点和程序、其他部门的配合内容、预期效果等。

某汽车品牌危机公关遭舆论批评

在线答题

## 项目五　自学自测

**简答题**

1. 什么是品牌溯源?
2. 什么是品牌危机?
3. 品牌危机公关的5S原则是什么?

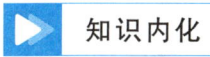

知识内化

## 实训 螺蛳粉品牌监测与危机公关

### 任务1 螺蛳粉品牌监测

以品牌策划小组为团队,结合品牌监测的相关知识,选择一家市场上真实的螺蛳粉品牌,针对其近期品牌运营管理工作,展开品牌监测,尽可能详细地搜集相关信息,可参照表5-1的内容来完成。

### 任务2 螺蛳粉企业品牌危机应对

案情:某螺蛳粉品牌的产品外包装被消费者投诉不符合国人审美,引起网络热议。

各品牌策划团队,针对以上案情,结合品牌危机公关的5S原则,完成1份品牌危机公关策划方案。请将成果做成展示PPT,并将要点记录在下表中。

**品牌危机应对策略**

| 序号 | 5S原则 | 应对策略 | 执行要点 |
|---|---|---|---|
| 1 | 承担责任原则 | | |
| 2 | 真诚沟通原则 | | |
| 3 | 速度第一原则 | | |
| 4 | 系统运行原则 | | |
| 5 | 权威证实原则 | | |

## 实训项目评价

1. 任务完成评价

针对团队考核。任务完成情况评价满分为100分。其中,作品文案为85分,提案汇报为15分。教师评价占40%,企业评价占40%,学生互评占20%。

**任务完成评价表**

| | 评价指标 | 分值 | 企业评价 | 教师评价 | 学生互评 | 得分 |
|---|---|---|---|---|---|---|
| 作品文案 | 品牌监测内容全面,分析准确 | 25 | | | | |
| | 品牌危机公关策略选择的恰当性 | 30 | | | | |
| | 品牌危机公关策略的创意性 | 30 | | | | |

续表

| 评价指标 | | 分值 | 企业评价 | 教师评价 | 学生互评 | 得分 |
|---|---|---|---|---|---|---|
| 提案汇报 | PPT设计 | 5 | | | | |
| | 语言表达 | 5 | | | | |
| | 形象 | 3 | | | | |
| | 团队配合 | 2 | | | | |
| 总评分 | | 100 | | | | |

2. 个人表现评价

对个人在完成工作任务过程中的表现进行评价。按五个等级划分：90—100分为优秀，80—89分为良好，70—79分为中等，60—69分为合格，0—59分为不合格。分为团队评价与学生自评。

个人表现评价表

姓名_____ 学号_____ 团队_____ 团队负责人_____

| 评价项目 | 考核要点 | 团队评价（70分） | 个人自评（30分） | 占总评分比例/（%） | 得分 |
|---|---|---|---|---|---|
| 任务完成情况 | 按时按质完成团队分配的任务 | | | 40 | |
| 工作态度和责任心 | 工作积极主动，富有责任心 | | | 15 | |
| 团队合作精神和协作能力 | 能良好表达自己的观点，善于倾听他人的观点 | | | 15 | |
| 独立思考和创新能力 | 能提出新的想法、建议和策略 | | | 15 | |
| 信息素养和学习能力 | 善于搜集并借鉴有用资讯和好的思路和想法 | | | 15 | |
| 总评分 | | | | | |

## 项目学习小结

1. 通过本项目的学习，你掌握了哪些知识点？请画出思维导图。

2. 在完成本项目学习和实训的过程中，你学会了哪些分析和解决问题的方法？

3. 在完成本项目学习和实训的过程中，你认为自己还有哪些地方需要改进？

## 实战案例

### 柳州螺蛳粉的两次危机公关

2021年11月22日,有网友在社交媒体平台称,在某著名螺蛳粉品牌里吃到异物,疑似虫卵,并上传图片。起初,事件并未引起广泛关注。后网友将这则信息发布到微博、小红书上,11月27日凌晨某微博"大V"转发相关内容,事件迅速发酵,引起舆论的广泛关注。在官方微博回应之前,网友针对此事件的热议词也多为"虫卵""螺蛳粉"等,尚未聚焦到涉事品牌上。知微事见显示,截至12月1日18时,事件影响力指数达66.5,高于77%的企业类事件。随后,该用户反馈到品牌方销售平台,该平台赔付给消费者200元,并且给商家限流处罚,而商家方面给予消费者的赔偿为3袋螺蛳粉。

在该用户发布上述赔偿事宜后不久,11月28日品牌方在其官方微博发布说明函:

针对近日有顾客于小红书、微博等平台反馈在食用我方螺蛳粉过程中出现"虫卵"的食品安全问题,我们高度重视,特此向广大顾客作出说明。

本企业拥有行业领先的现代化生产线及高温消杀工艺流程,其中干米粉包米粉烘干达标后进行包装,调料包中螺蛳粉汤料包、木耳黄花菜包、酸豆角萝卜干包等包装均经过巴氏消毒灭菌处理,生产作业均在十万级GMP认证车间完成,完全符合食品安全标准且经过权威认证,望广大顾客相信我们产品的品质。

得益于出色的产品口碑和长期品牌坚守,我方生产的螺蛳粉广受顾客赞誉,但商业诋毁时有发生,从小红书号2××××××××于2021年11月25日发布笔记起,到各微博号转发至冲上微博热搜仅用时2天,此次事件发酵迅速超乎常态,我方将针对事件进行核查,若幕后存在推动,我方将依法维权。

我方在此向顾客郑重承诺,我方品牌螺蛳粉一直贯彻高标准、严要求、高品质的生产理念,坚守食品安全线,广大顾客可安心购买,同时呼吁购买时选择官方授权渠道及店铺,避免购买到假冒伪劣产品。

在此欢迎社会媒体、公众进行监督,针对产品品质及生产环境欢迎媒体采访调研。

在该说明函中,品牌方强调:干料包、菜包等均经过巴氏灭菌消毒处理,符合食品安全标准。并表示,商业诋毁时有发生,此次事件发酵迅速超乎常态,我方将针对事件进行核查,若幕后存在推动,我方将依法维权。最后,品牌方还表示,"购买时选择官方授权渠道及店铺,避免购买到假冒伪劣产品"。

对于这样的说明函,网友并不认同。品牌方声明中提到的"商业诋毁"究竟是否存在,尚无定论,但其声明中并未具有实质性的证据证明产品安全性,进而引发网络热议。

从官方回应的微博评论态度也可以看出,"失望愤怒,质疑回复"的评论占比高达69%。

知微事见显示,针对此次事件,有20家媒体的报道标题为"虫卵风波只是'商业诋毁'吗?",舆论传播的关键词已经由"螺蛳粉""虫卵"等不指向品牌信息的关键词,直接转向涉事品牌,迅速升级成品牌危机事件,对品牌形象造成严重冲击。

随着媒体传播和舆论发酵,针对特定品牌的危机开始波及螺蛳粉行业,使得刚刚火爆市场的地方特色产业,整体遭到质量质疑。为此,柳州市的市场监管局于11月28日上午,对涉事企业开展调查核实,并公布官方调查结果。调查显示,执法人员对其生产场所进行了全覆盖检查,暂未发现不符合生产环境条件及生产工艺要求的情况。同时,对同批次涉诉产品进行追溯体系检查,生产厂家提供的原材料供货方的相关证明、原材料入库及领料记录、产品投料记录、生产过程关键控制点记录、产品出厂检验检测记录及产品销售记录等完整齐全,且生产厂家按照规定程序和要求对该批次产品进行了留样。

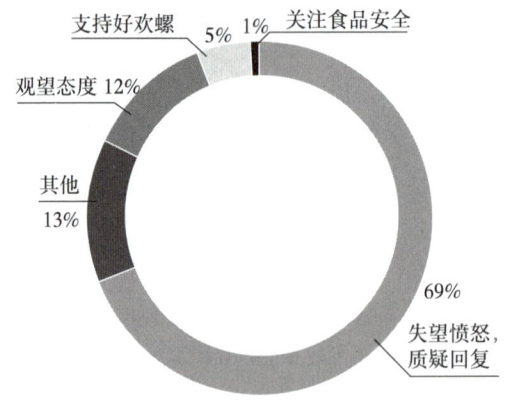

网友态度

地方相关管理部门针对涉事品牌调查结果的公布,为此次品牌危机的"降火"起到了关键作用,至此,品牌舆论热度逐渐降低,品牌危机暂告一段落。

2022年3月21日，有网友在社交媒体发出两张来源不明的照片。照片中有工作人员用脚踩的方式腌制酸豆角，并配文"螺蛳粉爱好者震怒！呕！"的文案。此内容涉及食品安全，且在此之前的"3·15"晚会刚报道了一批违规生产酸菜的企业。帖子发布后，迅速发酵，半天之内"螺蛳粉酸豆角"已经登上热搜榜。

当日晚上，柳州市螺蛳粉协会发布了图文并茂的《关于网传"用脚踩制作螺蛳粉用酸豆角"网络舆情事件的声明》。

柳州螺蛳粉协会的这份声明强调：第一，事件发生之后，协会第一时间深入多家柳州螺蛳粉用酸豆角生产企业进行情况核实，确认这并不是柳州螺蛳粉用酸豆角生产企业的加工现场。经过协会进一步调查，协会查明此次网传的"脚踩酸豆角"图片来源于百度百家号上曝光的河南酸豆角工厂的制作过程。第二，网友图片中使用的制作方法与柳州螺蛳粉用酸豆角、酸笋使用的制作方法加工技艺完全不同，并用螺蛳粉用酸豆角生产的现场图片进行了对比，有图有真相。第三，"柳州螺蛳粉制作技艺"作为国家级非物质文化遗产，柳州市市政府、柳州市螺蛳粉协会和各生产厂家从选材、加工到生产，一直致力于保护柳州螺蛳粉的传统风味。柳州市对柳州螺蛳粉的生产制定了全产业链的84项标准。仅对竹笋、豆角这两样原材料，就从种植、原材料采购到加工制作等环节制定了5项柳州市地方标准。整个产业链具有严格的生产规程与标准。这也是柳州螺蛳粉保持正宗风味并区别于其他地区生产的螺蛳粉的根本原因。

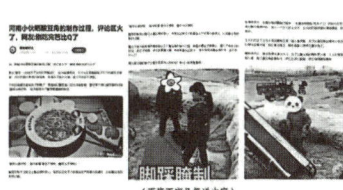

声明截图

3月22日，协会邀请当地权威媒体《广西日报》下属《南国今报》的记者，走进生产车间揭秘柳州螺蛳粉用酸豆角的生产全过程。3月23日，

《南国今报》发表了记者采写的现场新闻报道《直击螺蛳粉配料制作全过程：好吃的酸豆角是这样来的》，对豆角的种植、采摘，到腌制、加工、质量检测监控等柳州螺蛳粉用酸豆角的全流程、全环节，包括当地政府和有关市场监管部门以及各生产企业在保障螺蛳粉的质量方面的所作所为等做了全面的报道。

3月22日，柳州市相关政府部门对外正式发布了地方标准《预包装柳州螺蛳粉原料加工技术规程 第4部分：酸豆角》《柳州螺蛳粉原料竹笋生产技术规程》《柳州螺蛳养殖技术规程》。央广网等新闻媒体对标准的发布做了广泛报道：柳州市推动柳州螺蛳粉全产业链标准体系建设，加快建立高质量发展的柳州螺蛳粉全产业链标准体系，有效保证柳州螺蛳粉质量安全和"柳州味道"独特品质，提高柳州市螺蛳粉产业整体水平，促进柳州螺蛳粉产业规模化、标准化、品牌化发展，以高标准推动高质量发展，探索出一条标准引领柳州螺蛳粉特色产业高质量发展之路，努力做好一碗让消费者放心、风味地道的柳州螺蛳粉，用心维护好柳州螺蛳粉这块金字招牌。

随后，发布"脚踩方式腌制酸豆角"图片的博主表示，所发图片未经考证，并删除了博文。至此，该事件对螺蛳粉行业造成的不利影响得到了较好的控制。

## 思考题

1. 你认为上述两次应对品牌危机的案例中，值得借鉴的经验和应该吸取的教训是什么？

2. 在"虫卵风波"中，品牌方应对品牌危机的措施是否妥当？如果你是品牌负责人，你会如何处理此次品牌危机？

3. "虫卵风波"中企业就品牌危机事件发布的说明函，没有得到舆论的认可。如果请你拟一份说明函，用于危机事件发生后企业面向公众的第一次沟通，你会如何撰写？

# 参考文献

[1] 戴维·阿克.管理品牌资产[M].吴进操,常小虹,译.北京:机械工业出版社,2018.
[2] 戴维·阿克.创建强势品牌[M].李兆丰,译.北京:机械工业出版社,2019.
[3] 张晓红,金宏星.品牌策划与推广实战(微课版)[M].2版.北京:人民邮电出版社,2023.
[4] 程宇宁.品牌策划与推广[M].2版.北京:中国人民大学出版社,2020.
[5] 林采霖.品牌形象与CIS设计[M].上海:上海交通大学出版社,2011.
[6] 马克·布莱尔,理查德·阿姆斯特朗,迈克·墨菲.360度品牌传播与管理[M].胡波,译.北京:机械工业出版社,2004.
[7] 文武文.方法:国际著名广告公司操作工具[M].北京:线装书局,2003.
[8] 雷鸣,马明峰.品牌调研[M].广州:华南理工大学出版社,2009.
[9] 吴芹,屈志超.品牌战略与管理[M].北京:首都经济贸易大学出版社,2019.
[10] 杨明刚.品牌与策划[M].上海:上海人民出版社,2016.
[11] 王海忠.品牌管理[M].2版.北京:清华大学出版社,2021.
[12] 刘世忠.品牌策划实务[M].2版.上海:复旦大学出版社,2012.

# 教学支持说明

为了改善教学效果,提高教材的使用效率,满足高校授课教师的教学需求,本套教材备有与纸质教材配套的教学课件(PPT)和拓展资源(案例库、习题库等)。

为保证本教学课件及相关教学资料仅为教材使用者所得,我们将向使用本套教材的高校授课教师赠送教学课件或者相关教学资料,烦请授课教师通过电话、邮件或加入财经商贸类专家俱乐部QQ群等方式与我们联系,获取"电子资源申请表"文档并认真准确填写后发给我们,我们的联系方式如下:

地址:湖北省武汉市东湖新技术开发区华工科技园华工园六路

邮编:430223

电话:027-81321911

E-mail:lyzjjlb@163.com

财经商贸类专家俱乐部QQ群号:824887394

财经商贸类专家俱乐部QQ群二维码:

群名称:财经商贸类专家俱乐部
群　号:824887394